JN095020

合格へと導く
決定版！

教員採用試験
パーフェクトガイド

東京都
論文・面接
2023年度

岸上隆文 監修
TOSS採用試験全国事務局長

友野元気 著
TOSS採用試験全国事務局員

学芸みらい社
GAKUGEI MIRAISHA

はじめに

1　東京都の教員採用の現状

以下のグラフは、東京都公立学校教員の年齢分布を表したものである。

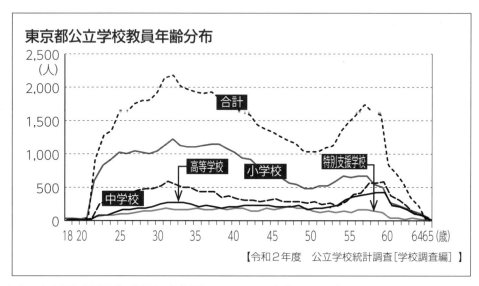

出典：東京都教育委員会（以下、都教委）ホームページ（以下、HP）
　　　「東京の先生になろう」p.15

　小学校では、20代前半〜30代が多い。毎年大量採用していることがわかる。また、50代が多い。この層は今後数年以内に退職していく。また、35人学級や教科担任制への対応により、今後も一定の採用数があると期待できる。つまり、今後もしばらく大量採用が続く。

　今この時期を逃してはならない。この傾向がいつまでも続くことはない。合格するなら今である。そして、合格するためには何でもすることである。「やってやれないことはない　やらずにできるわけがない」（著名な実業家・斎藤一人の言葉）。絶対に合格すると、固く決意し、全力で勉強に取り組んでほしい。本書を最大限に活用すれば、他の受験者に比べて、格段に力を付けることができる。正しい方向性で、人よりほんの少しだけ余分に努力することが必要だ。本書で学ぶことが、合格への鍵となれば幸いである。

2 東京都の教員採用候補者選考試験（以下、教員採用試験）の特徴

①自分を生かすことのできるコースや配属先が多様である。

　小学校全科では、理科コースと英語コースが設定されている。これらのコースで採用された場合、学級担任を持つことに加え、特に、校務分掌などで、その得意な分野を生かして活躍することが期待されている。

　また、小学校全科で受験しても、配属先が通常学級の担任とならない場合がある。実施要綱の配属先の項目においては、専科（音楽・図工・家庭・英語）、区立特別支援学校などと記されている。この制度を逆手にとると、好きな場所への勤務を希望することができる。人事上そうなるかどうかは別として、たとえば、以下のような人には都合がよいかもしれない。

●通常学級の担任を主としてやりたいが、音楽専科も経験してみたい。

●通常学級の担任も経験したいが、特別支援学校などの担任も経験したい。

などの場合である。なお、配属先という観点では、島嶼部への勤務も可能性があるということを忘れてはならない。

②特例選考がある。

　いくつかの選考区分がある。大きく分けて、一般選考枠と特例選考枠（経験者枠等）がある。特例選考は、他の自治体からの受験、東京都の時間講師や臨時的任用教員（産休・育休代替教員、期限付任用教員）として勤務してきた場合には優位に働きやすい。いずれの選考区分がよいかをよく考えた上で受験申込みをするとよい。

3 東京都の特徴

①日本の中心であり、全国から人が集まる。

　職員室の隣の先生が東京都出身でないことは、よくある話である。全国から多様な人が集まるからこそ、様々な多くの情報を共有することができる。

②通勤方法は、電車やバスなどの公共交通機関、自転車、徒歩を原則とする。

　地方出身の人は驚くかもしれないが、一部の地域を除いて、自家用車での通勤は原則認められない。電車やバス、自転車で通勤している人がほとんどである。つまり、それだけ公共交通機関が発達している地域といえる。

特典コンテンツについて

　『教員採用試験パーフェクトガイド　東京都　論文・面接　2023 年度』は、他の対策本にはない以下の特長をもつ。

①模擬面接の映像・音声（全 10 本）を視聴できる。
②論文の構想メモなどのダウンロード資料が多数ある。

　各章扉の URL または QR コードからアクセスできる。

①21・22年度版書籍PDF
②論文課題
③論文の構想メモ
④論文の解答用紙
⑤合格論文
⑥映像&音声　←
⑦集団面接課題
⑧面接票
⑨単元指導計画書式例
⑩音楽実技課題

❶個人面接の評価の観点
❷集団面接の評価の観点
❸合否基準
❹集団面接の解説
❺集団面接　悪い例
❻集団面接　よい例
❼個人面接の流れ
❽個人面接　リズムとテンポ　その1
❾個人面接　リズムとテンポ　その2
❿個人面接　圧迫面接

目次

はじめに ……………………………………… 2

特典コンテンツについて ……………………… 4

第1章 東京都の教員採用試験の概要 　9

1 東京都の求める教師像と選考日程等 ……… 10
　　column 受験申込みは電子申請で行うとメリットがたくさんある　11

2 第一次選考 ………………………………… 13

3 第二次選考（面接）………………………… 14
　　column 二次試験の合否は総合して判定される　14

4 第二次選考（実技）………………………… 15

5 一般選考と特例選考 ……………………… 19
　　column 現職は校長から具申書がいく　20

第2章 論文 　21

1 課題に正対して構想メモを作る ……………… 22

2 型に沿って論述する ………………………… 25
　　column 書き出しに困ったときは……　27
　　column 構想メモや論述に途中で詰まってしまったら……　27
　　column 論に使える言葉　27

3 対策① 視写して型を覚える ………………… 28
　　column 文字は丁寧に書く　29

4 対策② 見てもらう人を見つける …………… 30
　　column 結論に書ける響く言葉　31

5 対策③ 学習指導要領解説を読む …………… 32
　　column 日々の経験を書き留めておこう　33
　　column その他の参考になる言葉　33

6 合格論文を書いてみよう 34
   column 構想メモと違ってしまっても大丈夫？　38

7 書き上げた論文をチェックしよう 39

8 過去問（小学校全科） 40
   column 特例選考の課題は「○○を踏まえて」　43
   column 論文を書くことは面接対策にもなる　43

9 過去問（小学校全科以外） 44

第3章　集団面接　　　　　55

1 形式と流れ 56
   column 司会は立てるか　57

2 心構え　気持ちよく対話しよう 58
   column 1分間とはどのくらいか　60

3 テクニック　協調性を大切に 61
   column どのくらい間が空くとまずいか　63

4 対策　仲間と共に 64

5 過去問（全校種共通） 65

第4章　個人面接　　　　　69

1 形式と流れ 70
   column 面接官の役割分担　71

2 心構え　面接官によい印象を与えよう 72
   column 二次試験前日までの過ごし方　73

3 準備　面接票と単元指導計画 74
   column 面接票は届く前から準備する　74
   column いずれの教科で作成するか　75
   column 単元指導計画（学習指導案）自体は評価されるの？　76

4 面接官はこう尋ねる 77

column 書いたことは必ず訊かれると思うべし　77

5　答え方の原則①　短く答える ……………… **79**
　　column 解答が複数ある場合　80

6　答え方の原則②　ぶれずに答える ………… **81**

7　答え方の原則③　質問の種類を見分ける …… **84**

8　テクニック①　質問を誘導する ……………… **85**

9　テクニック②　目線 …………………………… **88**

10　テクニック③　即答するべからず ………… **89**
　　column 圧迫面接でも大丈夫？　90

11　対策①　脱「どんぐりの背比べ」 ………… **91**
　　column 具体性を出すには……　95

12　対策②　質問と解答例 part 1 ……………… **96**
　　column 面接官に響く言葉　100
　　column 三者の視点を忘れない　管理職・学年主任、子供、保護者　100

13　対策③　質問と解答例 part 2 …………… **101**
　　column リズムとテンポを意識して答えよう　105

14　対策④　一人でできることもたくさんある … **106**
　　column 施策についても知っておこう　107

15　合格者の面接記録（小学校全科）………… **108**
　　column 面接の復元を作ろう　112
　　column 面接官を笑わせたら合格？　113

16　合格者の面接記録2（小中共通　音楽）… **114**

17　過去問および想定される質問例 ………… **122**

付録1▶視写用論文　129

❶ 2022年度（小学校全科）…………… 130

❷ 2021年度（小学校全科）…………… 132

❸ 2020年度（小学校全科）…………… 134

付録2▶教職教養と専門教養（小学校全科）　137

❶ 教職教養の傾向と対策…………… 138

　column 都民情報ルーム　141

❷ 専門教養（小学校全科）の傾向と対策…… 143

❸ 問題集の勉強の仕方…………… 144

　column 時間を惜しんで勉強しよう　145

❹ マークシートの極意…………… 146

　column 消しゴムは細かい部分を消すのに適したものを用意する　147

おわりに…………… 148

教員採用試験対策セミナーのご案内…………… 150

情報提供のお願い…………… 151

第1章

東京都の
教員採用試験の
概要

　本章では、東京都の求める教師像や選考日程、試験内容など、受験する上でもっとも大切な情報をまとめた。基本的かつ重要な情報である。

　一読すれば、東京都の教員採用試験の概要がわかる。受験前にもう一度目を通しておくとよい。また、実際に受験した著者だからこそわかる、実施要綱等には書かれていない情報も記した。参考にしてほしい。

特典コンテンツ

❶個人面接の評価の観点
❷集団面接の評価の観点
❸合否基準
⑩音楽実技課題

https://www.gakugeimirai.jp/pg-tokyo

❶ 東京都の求める教師像と選考日程等

1 東京都の求める教師像

---

①**教育に対する熱意と使命感をもつ教師**

- ●子供に対する深い愛情
- ●教育者としての責任感と誇り
- ●高い倫理観と社会的常識

②**豊かな人間性と思いやりのある教師**

- ●温かい心、柔軟な発想や思考
- ●幅広いコミュニケーション能力

③**子供のよさや可能性を引き出し伸ばすことができる教師**

- ●一人一人のよさや可能性を見抜く力
- ●教科等に関する高い指導力
- ●自己研さんに励む力

④**組織人としての責任感、協調性を有し、互いに高め合う教師**

- ●より高い目標にチャレンジする意欲
- ●若手教員を育てる力
- ●経営参加への意欲

出典：「東京都教員人材育成基本方針」都教委HP

　一言一句正確に覚える必要はない。一つ一つの文言が、どのような意味なのか、自分なりに解釈して論文・面接で間接的に触れるようにする。

2 現職教員が身に付けるべき力

　現職教員には、「教員に求められる基本的な四つの力」というものが示されている。受験生としても覚えておきたい内容である。職員室に『初任者・期限付任用教員　研修テキスト』がある。参考程度に目を通しておくとよい。

Question

　『初任者・期限付任用教員　研修テキスト』が手に入らない場合はどうしたらいいの？

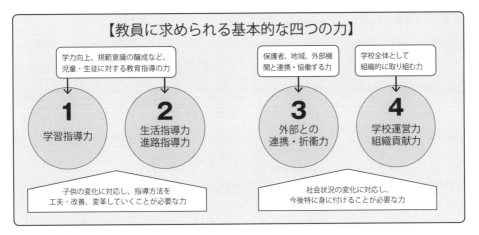

出典：「東京都教員人材育成基本方針」都教委HP

　②の「生活指導」は、文部科学省（以下、文科省）では「生徒指導」としているが、東京都では未然防止を含め、広い意味で「生活指導」という言葉を使っている。論文・面接等では、そのような細かい点にも注意するべきである。

　④の「学校運営力・組織貢献力」は、非常に重視されている項目の一つである。「組織として対応していきましょう」「報告・連絡・相談（報・連・相）をしてください」と、よくいわれる。面接における、いじめや不登校についての質問では、「管理職に……」と、話すことでアピールすることができる。

受験申込みは電子申請で行うとメリットがたくさんある

①記入事項の間違いや漏れを未然に防ぐことができる。

　記入事項の間違いや漏れなどがあった時点でエラーが表示される。

②受験票の交付はメールで知らされ、PDF データで交付される。

　PDF ファイルを保存しておけば、合否発表前に万一、受験番号を忘れても確認することができる。

③郵送代等を節約することができる。

　郵送は簡易書留が原則である。電子申請で行えば節約することができる。

Answer

　年度によって内容が大きく変わることはありません。知り合いに東京都の教員がいれば、訊いてみるのも一つの方法です。

3　選考および採用までの日程

	選考区分A（一般選考）等	選考区分B（期限付任用教員等）
3月	下旬　実施要綱発表	
4月	上旬　受験申込み開始	
5月	上旬　受験申込み締切	
6月	中旬　受験票交付	
7月	上旬　第一次選考	（第一次選考は免除）
8月	上旬　第一次選考合否発表 下旬　第二次選考 （実技は 9月上旬 ）	下旬　第二次選考 （実技は 9月上旬 ）※
10月	中旬　第二次選考合否発表	
	合格者	期限付任用教員
11月	中旬　採用説明会	中旬　期限付任用教員説明会
2月 3月	2月以降順次 区市町村教委・学校長との面接	3月以降順次 区市町村教委・学校長との面接
4月	原則、 1日 付けで採用	4月以降順次　任用

※中高共通・特別支援学校の英語の受験者のみ

Question

4月1日付けで採用されないこともあるの？

2　第一次選考

受験する上で、各試験の内容や配点、評価の観点は知っておくべきである。

第一次選考（以下、一次試験）の内容（300点）

試験	教職教養	専門教養	論文
配点	100点	100点	100点

それぞれにおいて最低基準点が設定されている。いずれかが突出してできたとしても、他の試験が最低基準点に達していなければ、合格には至らない。

なお、専門教養においては、2019年度より、分野別最低基準点が設けられた。たとえば、小学校全科は、国語、社会、算数、理科、英語の5分野である。得意分野を伸ばそうとするだけではなく、まんべんなく対策する必要がある。

論文の評価の観点

●課題把握
●教師としての実践的指導力
●論理的表現力　等

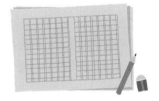

出典：実施要綱「第3　選考の内容と評価の観点」

評価の観点で公表されているものは、上記の3点であるが、実際は細かい採点基準が存在する（参考の評価の観点は39ページ参照）。

一つの論文につき、複数の採点委員（以下、採点員）が目を通す。したがって、ある一人の採点員の評価が厳しかったとしても、ある程度平均化される。

なお、もっとも大事なのは、「課題把握」という項目である。どれほど内容が素晴らしくても、課題からずれていれば、試験問題としての意味がない。課題文を読み解くための読解力は必須である（詳しくは22ページ）。

𝓐𝓷𝓼𝔀𝓮𝓻

あります。その場合、期末・勤勉手当や昇給など、その後の処遇に影響することもあります。原則、4月1日付けで採用されるので、連絡を待ちましょう。

❸ 第二次選考（面接）

一次試験合格者には、第二次選考（以下、二次試験）の通知が送られてくる。

二次試験の内容（面接試験600点＋実技試験150点）

試験	個人面接	集団面接※	実技
配点	300点	300点	150点

※「集団面接」とあるが、内容は集団討論である。

集団面接及び個人面接の評価の観点

●教職への理解
●教科等の指導力
●対応力
●将来性
●心身の健康と人間的な魅力　　等

出典：実施要綱「第30　選考内容と評価の観点」

実施要綱等には掲載されていないが、集団面接では、上記の項目に加え、協調性や調整力、表現力や説得力などを評価されていると思った方がよい。

二次試験の合否は総合して判定される

実施要綱には、選考の合否について以下のようにある。
「第一次選考及び第二次選考の成績並びに提出書類を総合して判定します。」
これはつまり、二次試験の合否は、一次試験の結果や提出書類にも左右されるということだ。以前は、一次試験に通れば、二次試験は全員が同じスタートラインであった。近年の変更点なので注意しておきたい。

Question

試験会場の下見はしておいた方がいいの？

❹ 第二次選考（実技）

　中・高等学校の一部教科と、小学校全科（英語コース）には、実技試験が課されている。毎年、9月上旬に行われる。対象、試験内容、主な評価の観点を以下にまとめた。

①音楽

対象

小・中学校共通音楽、中・高等学校共通音楽、特別支援学校小学部・中学部・高等部音楽

試験内容

1　ピアノ初見演奏

2　声楽初見視唱

3　ピアノ伴奏付き歌唱

　　○「赤とんぼ」（三木露風作詞　山田耕筰作曲）

　　○「荒城の月」（土井晩翠作詞　滝廉太郎作曲）

　　○「早春賦」（吉丸一昌作詞　中田章作曲）

　　○「夏の思い出」（江間章子作詞　中田喜直作曲）

　　○「花」（武藤羽衣作詞　滝廉太郎作曲）

　　○「花の街」（江間章子作詞　團伊玖磨作曲）

　　○「浜辺の歌」（林古渓作詞　成田為三作曲）

　　☆移調可能、伴奏譜指定なし（各自で用意）

※2019年度のみ、ピアノ伴奏付き歌唱→ピアノ初見演奏→声楽初見視唱の順番。

主な評価の観点

曲想にふさわしい表現の工夫及び基礎的な表現の技能等を評価する。

②美術

対象

小・中学校共通美術、中・高等学校共通美術、特別支援学校小学部・中学部・高等部美術

Answer

　試験当日のルートと同じように下見しておくことをおすすめします。その方が当日何かあったとしても、心理的な余裕をもつことができます。

試験内容

色鉛筆による静物画（試験時間150分）

モチーフ

2022年度：おたま、クリアカップ、紙風船、手ぬぐい

2021年度：色画用紙、金ベラ、スポンジ、コマ、紐

2020年度：メガホン、ハケ、紙、段ボール、スポンジ

2019年度：手ぬぐい、ガラス瓶、紙ふうせん、お玉、画用紙（青色）

2018年度：ペーパーナプキン、コマ、コマ回しひも、クリアカップ、金属べら

2017年度：植木鉢、スーパーボール、ポリ袋、はちまき2本（赤・黄）

主な評価の観点

モチーフの配置、構図、正確な描写、色鉛筆の特徴を生かした技能等を評価する。

③保健体育

対象

中・高等学校共通保健体育、特別支援学校中学部・高等部保健体育

試験内容

2022年度：

1　器械運動〔マット運動〕（倒立前転、側方倒立回転跳び1/4ひねり、伸膝後転、前方倒立回転跳び）

2　陸上競技〔走り高跳び〕（はさみ跳び）

3　水泳〔水中からのスタート　25mバタフライ、25m背泳ぎ〕

4　球技〔ハンドボール〕（フェイントでディフェンスをかわしドリブルからシュート、パスを受けてドリブルからジャンプシュート）

5　武道〔柔道〕（礼法（座礼）、後ろ受け身、前回り受け身）

6　ダンス〔現代的なリズムのダンス〕（実技試験の受験者にあらかじめ指定する課題及び課題曲に合わせたダンス60秒程度）

2021年度：

1　器械運動〔跳び箱運動〕（かかえ込み跳び、開脚伸身跳び、屈身跳び）

2　陸上競技〔走り高跳び走〕（はさみ跳び）

3　水泳〔水中から25mバタフライ、25m背泳ぎ〕

QUESTION

理科コースや英語コースは、小学校全科に比べて難しいの？

4 球技〔サッカー〕（ドリブルからのシュート）

5 武道〔剣道〕（正面打ち、小手打ち、胴打ち、切り返し）

6 ダンス〔創作ダンス〕（実技試験の受験者にあらかじめ指定する課題及び課題曲に合わせたダンス60秒程度）

2020年度：

1 器械運動〔マット運動〕（倒立前転、側方倒立回転跳び 1/4ひねり、伸膝後転、前方倒立回転跳び）

2 陸上競技〔走り高跳び〕（はさみ跳び）

3 水泳〔水中から 25m背泳ぎ、25m平泳ぎ〕

4 球技〔バレーボール〕（アンダーハンドパス、オーバーハンドパス）

5 武道〔柔道〕（後ろ受け身、前回り受け身、大腰、支え釣り込み足）

6 ダンス〔現代的なリズムのダンス〕（実技試験の受験者にあらかじめ指定する課題及び課題曲に合わせたダンス60 秒程度）

2019年度：

1 器械運動〔跳び箱〕（かかえ込み跳び、開脚伸身跳び、屈身跳び）

2 陸上競技〔走り高跳び〕（はさみ跳び）

3 水泳〔水中から25mバタフライ、25m背泳ぎ〕

4 球技〔バスケットボール〕（ドリブルからのシュート（左、右）、バックボードに当てたボールをキャッチしてからのシュート（左、右））

5 武道〔剣道〕（正面打ち、小手打ち、胴打ち、切り返し）

6 ダンス〔創作ダンス〕（実技試験の受験者にあらかじめ指定する課題及び課題曲に合わせたダンス60秒程度）

2018年度：

1 器械運動〔マット運動〕（倒立前転、側方倒立回転跳び1/4ひねり、伸膝後転、前方倒立回転跳び）

2 陸上競技〔ハードル走〕（40mハードル走）

3 水泳〔水中スタート、25m背泳ぎ、ターン、25m平泳ぎ〕

4 球技〔ハンドボール〕（パス、ドリブル、シュート）

5 武道〔柔道〕（後ろ受け身、前回り受け身、大腰、支え釣り込み足）

Answer

　過去の実施結果を見ると、合格者人数が募集人数を割っています。狭き門といえるかもしれません。なお、当該教科の中学校または高等学校の免許状が必要です。

6　ダンス〔現代的なリズムのダンス〕（実技試験の受験者にあらかじめ指定
　する課題及び課題曲に合わせたダンス60秒程度）

2017年度：

1　器械運動〔跳び箱運動〕（かかえ込み跳び、開脚伸身跳び、屈身跳び）

2　陸上競技〔走り高跳び〕（はさみ跳び）

3　水泳〔水中からのスタート、25mバタフライ、ターン、25m背泳ぎ〕

4　球技〔サッカー〕（ドリブルからのシュート）

5　武道〔剣道〕（正面打ち、小手打ち、胴打ち、切り返し）

6　ダンス〔創作ダンス〕（実技試験の受験者にあらかじめ指定する課題及び
　課題曲に合わせたダンス60秒程度）

主な評価の観点

体育実技を指導する上で必要かつ十分な技能の理解の状況、学習指導要領及
び解説に示されている技能の習得の状況等を評価する。

④英語

対象

中・高等学校共通英語、特別支援学校中学部・高等部英語、小学校全科（英
語コース）

試験内容

2022年度：Oral Interview（20分程度）

　　　　　　①200語程度の英文の聴解とその英文の内容等に関する質疑応答

　　　　　　②200語程度の英文の音読とその英文の内容等に関する質疑応答

〜2021年度：

　　　　　　Listening、Reading及びSpeakingのインタビューテスト（20分程度）

　　　　　　①200語程度の英文の聴解とその英文の内容等に関する質疑応答

　　　　　　②200語程度の英文の音読とその英文の内容等に関する質疑応答

主な評価の観点

英文の聴解及び音読、英文の内容に関する質問への応答や意見表明等を評価する。

※TOEICなど、一定の条件を満たした場合は、実技試験を免除できる。

Question

　勤務校の管理職と相性が悪い場合にはどうしたらいいの？

❺ 一般選考と特例選考
──どちらで受験するべきか──

　一般選考と特例選考がある。特例選考に該当する受験者の中には、一般選考で受けるべきか悩む受験者もいるだろう。どちらで受験するかの判断基準はいくつかある。以下を参考にして受験申込みをするとよい。

　なお、特例選考枠は、2018年度までは細かく分類されていたが、2019年度に統合・再編された。試験内容も変更されているので、よく確認する必要がある。

①特例選考の場合、一次試験の一部または全部が免除される。

　勉強時間を確保するのが難しい場合は検討する価値がある。何が免除になるかは実施要綱を確認するとよい。

②倍率や合格率が異なる。

　倍率は、校種・教科ごとにしか公表されておらず、各選考枠の倍率がどのくらいなのかなど、詳細な情報は公表されていない。都教委の内情は不明だが、たとえば、採用見込者数を一般選考枠から〇人程度、特例選考の期限付任用教員名簿登載者枠から〇人程度、特例選考の社会人経験者枠から〇人程度と、配分していることは考えられる。あくまで噂であるが、一説によると、社会人経験者枠は10倍といわれている。一方で、期限付任用教員名簿登載者枠の合格率は60％程度といわれている。期限付任用教員の場合は、特例選考で受験した方が合格の可能性は高いだろう。

③特例選考の場合、経験者として見られる。

　経験者として見られることがよいバイアスとして働くか、悪いバイアスとして働くかは、受験者の力量次第である。

　よいバイアスとして働いた場合は、面接官に経験者だから大丈夫だろうという安心感を与えられる。面接での受け答えの内容から感じ取られる。

　悪いバイアスとして働いた場合は、面接官に経験者ならこの程度はできて当たり前というように見られる。面接での受け答えがあまりよくないと、不合格

𝓐𝓷𝓼𝔀𝓮𝓻

　具申書に書かれるであろう評価が悪いと想像が付く場合には、特例選考を諦め、一般選考をこっそり受けるのも一つの方法です。

となる場合がある。

④一般選考の場合、集団面接は学生も同じグループにいる。

　一般選考の場合、学生も同じ枠で受験しているので、現職は経験という強みを出しやすい。経験を生かした発言で差を付けることができる。

⑤特例選考の場合、受験可能年齢が広がる。

　特例選考における年齢制限は58歳までとされている。ちなみに、一般選考は38歳までである。

現職は校長から具申書*がいく

　選考区分にかかわらず、東京都の臨時的任用教員や時間講師等として勤務している場合は、大概の場合、勤務校の校長から都教委人事部選考課に具申書がいく。そこで、以下のことを心掛けておく。

①受験番号を知らせる。

　校長に「ご指導よろしくお願いします」などと言って、受験番号を知らせる。付箋などに書いて渡すか、もしくは、面接票の書き方の指導を頂き、面接の練習をした上で、その面接票のコピーをそのまま渡してくるのもよい。

②校長室まで行ってあいさつする。

　出勤時や退勤時に校長室まで行ってあいさつする。職員室にはみんなするが、わざわざ校長室まで出向く人はあまりいない。たったそれだけのことでも、その人に対する印象はよくなる。

③学年主任の評価が校長の評価に含まれる。

　校長の評価には、学年主任の評価も含まれると思った方がよい。学年内で積極的に仕事を頑張る姿をアピールしておけば、学年主任の評価は高まる。ただし、勉強時間の確保が第一優先である。優先順位を見誤ってはいけない。

＊　具申書：「具申」とは、「詳しく申し述べること。特に、上役や上位の機関に対して意見や事情を詳しく述べること。」（デジタル大辞泉）である。具申書には、勤務評定などが記されていると考えられる。

第2章
論文

　論文は一次試験の中でもっとも力を入れるべき分野である。特に、小学校全科においては、論文が書ければ合格するといっても過言ではない。

　東京都の論文は型が重要である。本章では、合格論文を2本掲載した。何度も視写することで型を習得することができる。視写を繰り返すことで、少しずつ自力で書けるようになっていく。粘り強く取り組んでほしい。

　課題文を読むときのポイントや構想メモの作り方、論述する際のチェックポイントも記した。繰り返し書く中で一つ一つ身に付けていってほしい。

特典コンテンツ

②論文課題
③論文の構想メモ
④論文の解答用紙
⑤合格論文

https://www.gakugeimirai.jp/pg-tokyo

❶ 課題に正対して構想メモを作る

以下は、2018年度小学校全科の課題（70分）である。実際に論文を書くつもりで読んでほしい。

> 次の記述を読み、下の問題について、論述しなさい。
>
> > あなたは、第3学年の学級担任である。
> > 年度初めの学年会で、学年主任から、「昨年度、授業中に先生や友達の話を最後まで聞かないで発言する児童や、給食当番や掃除当番の仕事を友達に押し付けてしまう児童が見られました。また、児童が学級で使う学習用具を元の場所に戻さないということも多く見られました。このような実態の改善を図るために、今年度の学年経営の方針は『学習や生活のきまりを守らせる。』にしたいと思います。」と報告があった。
> > 学年会終了後、学年主任からあなたに、「先ほどの学年経営の方針に基づいて、学級経営の重点をどこに置き、どのように取り組んでいくか、具体的に考える必要がありますね。」と話があった。
>
> 問題
> 　学年主任の発言を受けて、あなたなら学級担任としてどのように学級経営を行っていくか、「学習指導」と「生活指導」について具体的な方策を**一つずつ挙げ**、それぞれ**10行（350字）**程度で述べなさい。また、その方策を考える上での問題意識やまとめなどを含めて、全体で**30行（1,050字）以内**で述べなさい。ただし、**26行（910字）**を超えること。

課題に正対するためには、細分化して考える必要がある。出題者が求めていることは何かを正確に読み取らなければならない。もう一度、上の課題文を細分化しながら読んでみよう。ポイントとなる部分に下線を引いていくとよい。

🎓 **Question**

試験当日、論文の問題用紙は持ち帰れるの？

ポイントは以下の9ヵ所である。

次の記述を読み、下の問題について、論述しなさい。

> あなたは、第3学年の学級担任である。
>
> 年度初めの学年会で、学年主任から、「昨年度、①授業中に先生や友達の話を最後まで聞かないで発言する児童や、②給食当番や掃除当番の仕事を友達に押し付けてしまう児童が見られました。また、児童が③学級で使う学習用具を元の場所に戻さないということも多く見られました。このような実態の改善を図るために、今年度の学年経営の方針は『④学習や生活のきまりを守らせる。』にしたいと思います。」と報告があった。
>
> 学年会終了後、学年主任からあなたに、「⑤(1)先ほどの学年経営の方針に基づいて、学級経営の重点をどこに置き、⑤(2)どのように取り組んでいくか、具体的に考える必要がありますね。」と話があった。

問題

学年主任の発言を受けて、あなたなら⑥学級担任としてどのように学級経営を行っていくか、「学習指導」と「生活指導」について具体的な方策を一つずつ挙げ、それぞれ**10行（350字）**程度で述べなさい。また、⑦その方策を考える上での問題意識や⑧まとめなどを含めて、全体で**30行（1,050字）**以内で述べなさい。ただし、**26行（910字）**を超えること。

---

①～③…児童の実態

④………学年経営の方針

⑤(1)…学年経営の方針に基づく学級経営の重点（小見出し）を設定する。

⑤(2)…どのように取り組んでいくか、方策を具体的に考える。

⑥………「学習指導」と「生活指導」について具体的な方策を考える。

※⑤(1)と⑤(2)および⑥は、ほぼ同じ内容である。

⑦………①～③の児童の実態を踏まえた問題意識を書く。

⑧………まとめ（結論）を書く。

𝒜𝓃𝓈𝓌𝑒𝓇
論文の問題用紙に限らず、教職教養と専門教養の問題用紙も持ち帰れます。

これらのポイントのうち、1つ抜けただけでも課題に正対していないことになる。課題文を読み解く際は、繰り返し慎重に読み、出題者が求めていることは何かを落ち着いて考えるようにする。

構想メモ

課題文をよく読んだ上で、以下のような構想メモを作る。※

	児童の実態		
序論	①授業中に先生や友達の話を最後まで聞かないで発言する	②給食当番や掃除当番の仕事を友達に押し付けてしまう	③学級で使う学習用具を元の場所に戻さない
	↓		
	⑦問題意識：規範意識や責任感が欠如している		
	④学年経営の方針：学習や生活のきまりを守らせる		
	↓		
本論	⑥学習指導		⑥生活指導
	⑤学習規律を一つ一つ徹底することから児童の規範意識を高める。		⑤認め、褒め、価値付けることから児童の責任感を育成する。
	↓		
結論	⑧まとめ：「駄目なものは駄目」と、はっきり示す		

※本番では、問題冊子の余白に走り書きでよい。

Question

構想メモは上の形でないと駄目なの？

❷ 型に沿って論述する

1 論文の型

論文は、序論→本論①→本論②→結論で構成する。

型	字数（目安）	論述する内容
序論	200字程度	児童の実態を踏まえた問題意識
本論①	350字程度[※]	学年経営の方針に基づいた「学習指導」と「生活指導」（順不同）についての具体的な方策
本論②	350字程度	
結論	150字程度	本論の補足や書き切れなかったこと、決意表明など

※程度…たとえば、350字程度なら300〜400字ほどの幅があってよい。

　一文が長いと読みづらい。論文の一文は短く書くことを心掛ける。一度読んだだけですぐに理解できる長さ（20 〜 45 字程度が目安）にする。

2 本論の型

　本論は、論→例→策で構成する。たとえば、褒めることについて考える。

論	その方策を実践する上での理論	なぜ、褒めるのか
例	論をより説得力のあるものにするための例	褒められた児童の変容の例
策	具体的な方策	このように褒める

　論→例→策と書いていくが、初期の練習段階では策→論→例の順番が考えや

Answer

　そのようなことはありません。序論→本論①→本論②→結論、論→例→策の流れがわかるのであれば、構想メモの型は問いません。

すい場合もある。なお、制限字数を超えそうな場合、例は書かなくてもよい。

3 小見出しを付ける

本論には以下の型で、①、②と、小見出し（1行・35字以内）を付ける。

> Aすることから Bする。

まず、Bを考える。Bは児童に育成するものである。次に、Aを考える。A は策を一言で言い表した文言である。たとえば、以下のように書く。

> ①学習規律を一つ一つ徹底することから児童の規範意識を高める。
> ②認め、褒め、価値付けることから児童の責任感を育成する。

4 時間配分

初期の練習段階

70分		
15分	45分	10分
構想	論述	見直し

仕上げの練習段階

70分			
10分	40分	10分	10分
構想	論述	見直し	複写

複写とは、解答を問題用紙の余白に書き写すことである。自分だけが読める文字で構わない。試験後、疲れているところではあるが、できる限り早く、記憶が新鮮なうちにパソコンで打ち出す。これを復元論文という。復元論文は指導を頂いた人や勤務校の管理職などに見てもらうとよい。

ⓠuestion

複写は必ずしなければならないの？

書き出しに困ったときは……

　序論の書き出しは難しい。書き出しに困ったときは、課題文に立ち返る。児童・生徒の実態から課題であるキーワードを考えるとよい。それがはっきりすれば、おのずと問題意識もはっきりし、書き出しも思い付く。

　ちなみに、2018年度小学校全科（課題は22ページ）の課題であるキーワードはわかりやすい。問題に「きまり」とあることからも「規範意識」という文言がすぐに考え付くだろう。なお、もう一つ挙げるとすれば、「給食当番や掃除当番の仕事を友達に押し付けてしまう」とあるので、「責任感」である。

構想メモや論述に途中で詰まってしまったら……

　構成メモや論述に詰まってしまうことがある。そのようなときには、自分が書いたものを最初から読み直してみるとよい。新たなことに気付き、書き続けるためのヒントが見つかるだろう。

論に使える言葉

●生きる力とは、成功を続ける力ではなく、失敗や困難を乗り越える力だ。
●教師の温かさとは、個々の子供に対する理解の深さにある。
●学級とは、小さなコミュニティである。
●人は、自分のよさや考えが認められてはじめて次の新たなる意欲が湧いてくる。個性を尊重することは、主体的に自らの力で生きていく力を付けさせるために欠くことのできないことである。
●人は褒められることによって、力を発揮するものだ。
●環境は（が）人を創り、人は（が）環境を創る。
●子供たちは、教師によって無言の影響を受けている。
●愛情のある教師に育てられた子供は温かい人間へと成長していく。

Answer

　そのようなことはありません。ただし、そのくらいの余裕をもって書き終われば、大きなミスの修正があっても落ち着いて対応することができます。

❸ 対策① 視写して型を覚える

　論文の型を覚えるには、視写が効果的である。合格者の論文を視写することで、その型を身に付けることができる。以下は、合格論文である。〔序論〕→〔本論①〕→〔本論②〕→〔結論〕、（論）→（例）→（策）の流れを意識しながら視写するとよい。

合格論文 （課題は 22 ページ）

〔序論〕

　授業中に先生や友達の話を最後まで聞かないで発言する児童や、学習用具を元の場所に戻さない児童は、規範意識が欠けていると考える。また、給食当番や掃除当番の仕事を友達に押し付けてしまう児童は、責任感が薄いと考える。

　学級は一つの集団である。集団は、きまりを守り、一人一人が責任をもって自分の役割を果たさなければ機能しない。児童の規範意識を高め、責任感を育成することは、よりよい学級集団にしていくために欠くことのできないことである。そこで、私は以下の方策をもって、児童の規範意識と責任感を育成していく。

〔本論①〕

①学習規律を一つ一つ徹底することから児童の規範意識を高める。

（論）

　児童に同時にいくつものきまりを守らせることは難しい。守るべききまりを一つずつ指導していく。その確認を徹底して行うことで、児童の規範意識は高まっていく。

（例）

　授業で不規則に発言する児童がいた。発言したいときには手を挙げることを繰り返し指導し、徐々に手を挙げて発言することができるようになった。

（策）

　私は、授業におけるきまりを徹底していく。人が話しているときに話さない

🅠🅤🅔🅢🅣🅘🅞🅝

文字の練習でおすすめの練習帳は？

ことや、人の話は最後まで聞くことを指導していく。きまりを守れている児童を褒め、きまりを守ることの大切さを繰り返し指導していく。その上で、きまりを守れたときには、その児童を力強く褒める。

〔本論②〕

②認め、褒め、価値付けることから児童の責任感を育成する。

（論）

　児童は、認め、褒められることで、初めてそのもち得る力を最大限に発揮する。その行動を価値付けられることによって責任感が芽生える。

（例）

　給食当番をやらずに、さぼってしまう児童がいた。私は、その児童に、みんなのためにやることの大切さを指導し、給食当番をやったときには力強く褒めた。その児童は徐々に給食当番をやるようになった。

（策）

　私は、児童一人一人に役割を与える。係活動や当番活動などをとおして、学級での児童の居場所を作っていく。係活動や当番活動をやっていることを継続して褒め、学級のために活動することの大切さを伝えていく。

〔結論〕

　教育は、未来の日本の人づくり、夢づくり、国づくりの営みである。私は、「駄目なものは駄目」と、はっきり示し、決して児童に迎合せず、児童の範となる教師になる決意である。

文字は丁寧に書く

　文字を丁寧に書くとおのずと評価はよくなる。普段から余裕のあるときには丁寧に書くことを心掛ける。きれいなバランスのとれた文字も、いずれ速く書けるようになる。時間はかかるが、美しい文字を体得すれば一生ものである。また、まったく同じ文字でも濃い方が美しく見える。2Bがおすすめだ。

Answer

　高嶋喩著『徹底反復　たかしま式　ひらがなれんしゅうちょう』（小学館）がおすすめです。かたかなやかんじ版もあります。

④ 対策② 見てもらう人を見つける

1 誰に見てもらうか

　論文は誰かから指導を頂くことで上達する。力のある人で、できれば論文の採点員を務めたことのある管理職経験者に見てもらうのがよい。

学生

　現場経験のない大学の教員は、児童・生徒相手の実践的な指導力がない。論文を見る目はないので、あてにしてはいけない。「教師論」「教職論」「教育過程論」などという科目の担当教員は、現場の管理職経験者である。お願いするとよいだろう。また、ボランティア先の学校の管理職にお願いして指導を頂くのもよい。

現職

　勤務校の管理職に見てもらうとよい。快く引き受けてくれるはずである。ただし、指導を頂くならば、勤務時間外にした方が無難である。休憩時間や定時以降に指導を頂くとよい。

2 30本書こう

　論文は、視写も含めて最低30本程度書くことで身に付く。視写する論文は実際の合格論文がよい。

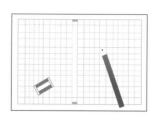

　自力で書く際は、一つの課題につき3回程度書くとよい。何回も同じ課題で書いていると、策が尽きてきたり、飽きてきたりする。

　なお、本当は、視写を100回と言いたいところである。現職教員にはなかなか難しいが、校長試験前に教頭の激務をこなしながら300回以上視写したという逸話をもつ先生もいる。視写したり、自分で書いたりすることで思考が整理される。パソコンで打ち込んでは駄目である。鉛筆を紙に擦り付けて書く大変な作業だからこそよいのである。

Question

　論文は複数の人に指導してもらった方がいいの？

結論に書ける響く言葉

　教育雑誌などを読んでいると、目に留まる言葉がある。それらの言葉をノートなどにまとめ、読み返しておくと、いざというときに使える。

教育論

●教育は、人づくり、夢づくり、国づくりの営みである。

●教育は（百年後の）未来を創る営みである。

●教育とは、次代に生きる人間を教え育てることによって、次代を創造する人間としてもっとも基本的な営みである。

●教育とは、人間らしく育っていくことを手助けすることである。

●教育とは、可能性の追求である。

教師論・教師像

●子供と共に成長する。

●教育の成果は、一に教師の資質・力量にかかっている。

●子供の動きに絶えず「目配り・気配り・心配り」が大切である。

●○○な気持ちを、教師であり続ける限りもち続ける。

●私は、教師として子供の心の中に飛び込み、悩みを語り、共に汗を流す教師を目指す。

●教師自らが夢をもち続け、素晴らしい感性を失うことなく、明日の未来を担う子供たちの教育に力を注ぐ教師を目指す。

●子供は、一人一人が尊い存在である。誰もが立派な人間になる力をもっている。私は教師として、骨身を惜しまず指導していく覚悟である。

●「何かで人より」である。私は、子供一人一人の個性を認め、主体的な学級を創っていく決意である。

●「駄目なものは駄目」と、はっきり示し、決して子供に迎合せず、子供の範となり得る教師でありたい。

●どんなときでも子供の可能性を信じ、情熱と希望（夢）をもって、教育に取り組んでいく。

Answer

　あまりに多くの人から指導を頂くと、人によって方針が違うこともあり、混乱を招きます。メインとサブの二人ぐらいでよいでしょう。

❺ 対策③ 学習指導要領解説を読む
──「例えば」「具体的には」を読む──

　具体的な方策が思い付かず、何を書いたらよいかわからないという人も多いだろう。対策の一つとして、学習指導要領解説の「例えば、……」「具体的には、……」を読むことが有効である。2009年度のテーマは以下であった。

> 言語活動を充実させ、言語に関する能力を高める

　当時の学習指導要領解説で特に該当する部分は、総則編の64ページである。

---

①教師は正しい言語で話し、黒板などに正確で丁寧な文字を書くこと。

②校内の掲示板やポスター、児童に配布する印刷物において用語や文字を適正に使用すること。

③校内放送において、適切な言葉を使って簡潔に分かりやすく話すこと。

④適切な話し言葉や文字が用いられている教材を使用すること。

⑤教師と児童、児童相互の話し言葉が適切に行われるような状況をつくること。

⑥児童が集団の中で安心して話ができるような教師と児童、児童相互の好ましい人間関係を築くこと。

　これだけあれば策には困らない。あとは、それに対する論を確立することが論文作成の鍵となる。

　各教科等の学習指導要領解説には、策として書けそうな内容が多く書かれている。「例えば、……」「具体的には、……」の部分に線を引きながら読み進めていくとよい。

　なお、学習指導要領解説は、現場に入ると、なかなかゆっくり読んでいる時間はない。学生のうちに読み込んでおきたい。

Question

論文や面接の対策で他に有効なものは？

日々の経験を書き留めておこう

　現職なら、日々の子供の変容や日常の実践などは、メモ程度に書き留めておくとよい。所見にも活用することができるので一石二鳥である。学生ならば、教育実習や学習ボランティアなどでの経験を書き留めておくようにする。

その他の参考になる言葉

●やり切ることができたとき、それは「自分はできた」という自信につながる。自信があれば、壁にぶつかったときでも乗り越えることができる。

●教師の仕事は、子供のよさの発見に尽きる。

●教師は子供たちの人生に大きな影響を与える存在である。

●教師が楽しく授業をすれば、子供もその授業を楽しいと感じる。

●夢は小さな目標の積み重ねによって叶うものである。

●努力できることが才能である。

●努力に勝る才能はない。

●努力に即効性はない。

●子供がもっている限りないエネルギー（潜在的能力）を存分に発揮させ、持ち味を生かし、一人一人の個性が伸びやかに開花し得るように、目標を高く掲げ、支援してやることこそ教育である。

●生活指導とは、児童理解に徹することである。どんな子供でも、「駄目な自分」と、生きる源泉としての自尊心とも言うべき「頑張ろうとする自分」「生きようとする自分」が心の奥底で葛藤している。荒れた子供は、いたるところで必死になってこの自尊心で自分を励ましている。駄目さの中に、この生きようとするもがきを捉えたとき、子供の心をつかんだといえる。

●心が変われば、行動が変わる。行動が変われば、習慣が変わる。習慣が変われば、人格が変わる。人格が変われば、運命が変わる。

Answer

　現場での経験を積むことです。現場での経験ほど有効なものはありません。学校現場に限らず、児童館などで子供と関わるのもよい経験になります。

❻ 合格論文を書いてみよう

いよいよ実際に論文を書いていこう。以下は、2019年度小学校全科（70分）の課題である。

> 次の記述を読み、下の問題について、論述しなさい。
>
> > あなたは、第5学年の学級担任である。
> >
> > 年度初めの学年会で、学年主任から、「昨年度の児童の学習や生活における課題について、次のような引継ぎを受けました。まず、各教科等の学習において、学んだことを日常生活や学習にすすんで活用しようとする態度が十分とは言えないとのことでした。また、係活動において、指示された仕事には真面目に取り組むものの、各係の活動の意味を理解して、工夫して役割を果たそうとする意欲に欠けるため、5年生から始まる委員会活動などを進める上での課題となるのではないかとのことでした。そこで、今年度の学年経営の方針は『学習や生活における児童の意欲的な態度を育む。』にしたいと思います。」という話があった。
> >
> > 学年会終了後、学年主任からあなたに、「先ほどの学年経営の方針に基づいて、学級経営の重点をどこに置き、どのように取り組んでいくか、具体的に考える必要がありますね。」と話があった。
>
> 問題
>
> 　学年主任の発言を受けて、あなたなら学級担任としてどのように学級経営を行っていくか、「学習指導」と「生活指導」について具体的な方策を一つずつ挙げ、それぞれ**10行（350字）程度**で述べなさい。その際、その方策を考える上での問題意識やまとめを明確に書き、全体で**30行（1,050字）以内**で述べなさい。ただし、**26行（910字）**を超えること。

👨 いつえすけんの

構想メモは必ず書かなければいけないの？

1 構想メモを作る

①ポイントとなる部分に下線を引きながら、課題文を細分化して読む。

②児童の実態から、課題であるキーワードを考える。

③なぜ、〇〇（課題であるキーワード）が大切（必要）なのかという問題意識を
　書く。

④具体的な方策とそれについての論を考える。字数の余裕があれば例も考える。

⑤「学習指導」と「生活指導」について学級経営の重点（小見出し）を書く。

⑥まとめを考える（思い付かなければ、書きながら考える）。

2 序論を書く

合格序論

> 　社会の情報化や人工知能などが急速に発達している。変化の激しい今日、知識・技能を活用して考え、問題を解決していく力が必要である。また、夢や希望をもち、創意工夫を生かして新たなものを創造していくことが重要である。児童の意欲的な態度を育成することは、変化の激しい社会で、前向きに人生を送っていくために欠くことのできないことである。そこで、私は以下の方策をもって、児童の学習や生活における意欲的な態度を育成する。

チェックポイント

①なぜ、〇〇（課題であるキーワード）が大切（必要）なのか
　という問題意識が書かれているか。

②課題であるキーワードに関連する内容が含まれているか。

自分なりの合格序論

　原稿用紙に書いてみよう。書けなければ、上の合格序論を視写しよう。

3 本論を書く

合格本論

　必ず書かなければいけないということはありませんが、何をどのように、論理的に書けるかは、構想メモにかかっているといっても過言ではありません。

①学習内容を日常生活と関連付けた授業展開から児童の学習意欲を高める。

　その学習をとおして何ができるようになるのか、学習の意味を考え、明確にして授業を行っていくことで、児童の学習意欲が高まる。

　東日本大震災をテーマにした道徳の授業を見たことがある。児童は身を乗り出し、自分たちの生活と関連させながら学習を進めていた。授業内容を児童の日常と関連させることで、児童の学習意欲は高まると感じた。

　私は、たとえば、算数の割合の単元では、日常生活の買い物の場面などと関連させながら授業を展開していく。また、第5学年の社会の導入では、五円玉を題材にし、五円玉の絵のそれぞれが日本の農業・水産業・工業・林業を表していることを説明するなどして、児童の学習意欲を高めていく。

②手本を示し、やらせてみて、褒めることから係活動などへの意欲を高める。

　新しいものをゼロから創造していくことは難しい。係活動などにおいて児童が工夫して取り組んでいくためには、まず、教師が手本を示し、それをもとに児童に取り組ませ、褒めていくことが大切である。

　児童が係活動で創意工夫を生かして活動したことを取り上げて褒めたとき、きらきらと目を輝かせながら楽しそうに活動していた。工夫して活動することこそ、係活動の楽しみの一つであると実感した。

　私は、係活動において、まずは児童と共に取り組み、手本を示した上で活動させる。そして、児童の小さな工夫の積み重ねを認め、褒め、価値付けながら、係活動への意欲を高めていく。主体的な係活動をとおして、学校生活において様々な工夫を生かし、行動できる児童を育成していく。

チェックポイント

①1行・35字以内で「AすることからBする。」の形の小見出しを書いたか。

②論→例→策の流れで、具体的に書かれているか。

自分なりの合格本論

　原稿用紙に書いてみよう。書けなければ、上の合格本論を視写しよう。

Question

　課題文を読んで、「一体何を書けばよいのか……」と、頭が真っ白になってしまったらどうしたらいいの?

4　結論を書く

合格結論

> 　私は、児童一人一人が持ち味を生かし、その個性が伸びやかに開花するように支援していく。児童の創意工夫を認め、支え、励ましながら、未来の日本を担う児童を育成していく決意である。

チェックポイント

①理想の教師像や決意表明が書かれているか。

②本論の補足や書き切れなかったことを書いたか。

③採点員の心に響くような表現があるか。

④文章末は「決意である」または「覚悟である」になっているか。

自分なりの合格結論

　原稿用紙に書いてみよう。書けなければ、上の合格結論を視写しよう。

5　合格論文を書いてみよう

合格論文

> 　社会の情報化や人工知能などが急速に発達している。変化の激しい今日、知識・技能を活用して考え、問題を解決していく力が必要である。また、夢や希望をもち、創意工夫を生かして新たなものを創造していくことが重要である。児童の意欲的な態度を育成することは、変化の激しい社会で、前向きに人生を送っていくために欠くことのできないことである。そこで、私は以下の方策をもって、児童の学習や生活における意欲的な態度を育成する。
> ①学習内容を日常生活と関連付けた授業展開から児童の学習意欲を高める。
> 　その学習をとおして何ができるようになるのか、学習の意味を考え、明確にして授業を行っていくことで、児童の学習意欲が高まる。
> 　東日本大震災をテーマにした道徳の授業を見たことがある。児童は身を乗り出し、自分たちの生活と関連させながら学習を進めていた。授業内容を児童の

Answer

　まずは落ち着くことが先決です。過去問を練習しているといくつかのパターンが身に付いてきます。そのパターンに落とし込む方向で構想メモを考えましょう。

日常と関連させることで、児童の学習意欲は高まると感じた。

　私は、たとえば、算数の割合の単元では、日常生活の買い物の場面などと関連させながら授業を展開していく。また、第5学年の社会の導入では、五円玉を題材にし、五円玉の絵のそれぞれが日本の農業・水産業・工業・林業を表していることを説明するなどして、児童の学習意欲を高めていく。
②手本を示し、やらせてみて、褒めることから係活動などへの意欲を高める。

　新しいものをゼロから創造していくことは難しい。係活動などにおいて児童が工夫して取り組んでいくためには、まず、教師が手本を示し、それをもとに児童に取り組ませ、褒めていくことが大切である。

　児童が係活動で創意工夫を生かして活動したことを取り上げて褒めたとき、きらきらと目を輝かせながら楽しそうに活動していた。工夫して活動することこそ、係活動の楽しみの一つであると実感した。

　私は、係活動において、まずは児童と共に取り組み、手本を示した上で活動させる。そして、児童の小さな工夫の積み重ねを認め、褒め、価値付けながら、係活動への意欲を高めていく。主体的な係活動をとおして、学校生活において様々な工夫を生かし、行動できる児童を育成していく。

　私は、児童一人一人が持ち味を生かし、その個性が伸びやかに開花するように支援していく。児童の創意工夫を認め、支え、励ましながら、未来の日本を担う児童を育成していく決意である。

構想メモと違ってしまっても大丈夫？

　論述していく中で、結論に書く予定だったことを本論に書いてしまったり、別のことを書きたいと思ったりすることもある。当初の構想メモと異なってもさほど問題はない。ただし、変更を加えた時点で、論旨が一貫しているかを確認する必要はある。書きたいことが思い浮かんだ時点で、構想メモに書き加えながら論述していくとよい。

Question

論文は練習では、まとまった時間でなくても、細切れに書いていってもいいの？

7　書き上げた論文をチェックしよう

　以下の項目に則って、書き上げた論文をチェックしてみよう。自己評価でも構わないので、評価も付けてみると、自分の論文の弱点もわかるだろう。

観点	評価			
①教育や学校教育の現状を踏まえ、出題の意図、課題を的確に捉えているか。	4	3	2	1
②課題に正対して書かれているか。	4	3	2	1
③論の展開は筋道が通っているか。	4	3	2	1
④論点は視点を絞っているか。	4	3	2	1
⑤具体的な内容で書かれているか。	4	3	2	1
⑥一文は短く書き、段落の区切りははっきりしているか。	4	3	2	1
⑦誤字・脱字・略字がないか。	4	3	2	1
⑧用語が適切であるか。	4	3	2	1
⑨自分の言葉で述べているか。	4	3	2	1
⑩自分の考えをしっかりと述べているか。	4	3	2	1

Answer

　一気に書き上げないと、文章全体の一貫性が失われやすくなります。まとまった時間をとって、一気に書き上げるようにしましょう。

❽ 過去問（小学校全科）

2022〜2017年度の課題は、事例を基に記述するものである。方策には、「学習指導」と「生活指導」の両方を論述することや字数配分が明記された。

※2019年度は34ページ、2018年度は22ページに掲載。

2022年度（70分） （合格論文は130ページ）

次の記述を読み、下の問題について、論述しなさい。

あなたは、第5学年の学級担任である。

年度初めの学年会で、昨年度の児童の課題に関する引継事項として、学年主任から、「学習面では、授業のめあてを達成できない児童がいる一方で、めあてに到達すると、それ以上は、取り組まない児童がいます。また、生活面では、相手の身になって考えることが苦手な児童が多く見られます。」と報告があった。

この引継事項を踏まえ、話合いを行った結果、学年主任から、「今年度の学年経営の方針を、『教師と児童との信頼関係を築き、児童相互のよりよい人間関係を育てる』とします。」と示された。

学年会終了後、学年主任からあなたに、「先ほどの学年経営の方針に基づいて、主に集団の場面で、必要な指導や援助を具体的にどのように行えば学級経営の充実が図れるか、一緒に考えてみませんか。」と話があった。

問題

学年主任の発言を受けて、あなたなら学級担任としてどのように学級経営を行っていくか、学習面と生活面について具体的な方策を**一つずつ**挙げ、それぞれ **10行（350字）程度**で述べなさい。その際、その方策を考える上での問題意識を明確にし、全体で **30行（1,050字）以内**で述べなさい。ただし、**26行（910字）**を超えること。

Ⓠuestion

勉強時間を確保するために早く帰りたいけれども、なかなか帰れません。早く帰るためにもっとも大切なことは？

2021年度（70分）（合格論文は 132 ページ）

次の記述を読み、下の問題について、論述しなさい。

あなたは、第 5 学年の学級担任である。

年度初めの学年会で、学年主任から、「昨年度の児童の学習や生活における課題について、次のような引継ぎを受けました。学習に関するアンケートの、『苦手なことにも取り組みましたか。』という項目では、否定的な回答が多くみられました。また、昨年度の学年主任からは、係や当番を決める際に興味はあるが一歩踏み出せず今まで経験したことのある係を選ぶ児童や、クラス全体の場で自分の考えをうまく伝えられず発表することが苦手だと考える児童が多いとのことでした。そこで、今年度の学年経営の方針は、『学校生活において、失敗を恐れず苦手なことや初めて取り組むことに挑戦する態度を育てる。』にしたいと思います。」と報告があった。

学年会終了後、学年主任からあなたに、「先ほどの学年経営の方針に基づいて、学級経営の重点をどこに置き、どのように取り組んでいくか、具体的に考える必要がありますね。」と話があった。

問題

学年主任の発言を受けて、あなたなら学級担任としてどのように学級経営を行っていくか、「学習指導」と「生活指導」について具体的な方策を**一つずつ**挙げ、それぞれ **10 行（350 字）**程度で述べなさい。また、その方策を考える上での問題意識やまとめを明確に書き、全体で **30 行（1,050 字）以内**で述べなさい。ただし、**26 行（910 字）**を超えること。

2020年度（70分）（合格論文は 134 ページ）

次の記述を読み、下の問題について、論述しなさい。

あなたは、第 5 学年の学級担任である。

年度初めの学年会で、学年主任から、「昨年度の児童の課題として、話

𝓐𝓷𝓼𝔀𝓮𝓻

定時退勤するためにもっとも大切なことは、固く決意することです。そう決意することで、一日の時間の使い方が変わります。

合い活動の際に、自分の考えを強く主張する児童がいる一方で、自分の考えを相手に伝えられない児童が散見されるということが挙がっています。また、昨年度末に実施した学校生活アンケートの『クラスの中で、こまっている子や、なやんでいる子を見かけたことがありますか』の項目に『ある』と答えた児童の中で、『その子の力になることができましたか』の項目に『できなかった』『あまりできなかった』と答えた児童が半数以上おり、児童が互いに尊重し認め合い支え合う姿勢が十分ではないことがうかがえます。そこで、今年度の学年経営の方針は『学校生活において、相手の考え方や立場を理解し、共に支え合うことができる児童を育てる。』にしたいと思います。」と報告があった。

学年会終了後、学年主任からあなたに、「先ほどの学年経営の方針に基づいて、学級経営の重点をどこに置き、どのように取り組んでいくか、具体的に考える必要がありますね。」と話があった。

問題

学年主任の発言を受けて、あなたなら学級担任としてどのように学級経営を行っていくか、「学習指導」と「生活指導」について具体的な方策を**一つずつ**挙げ、それぞれ**10行（350字）**程度で述べなさい。その際、その方策を考える上での問題意識やまとめを明確に書き、全体で**30行（1,050字）以内**で述べなさい。ただし、**26行（910字）**を超えること。

2017年度（70分）

次の記述を読み、下の問題について、論述しなさい。

あなたは、第5学年の学級担任である。年度初めの学年会で、学年主任から、「昨年度、児童対象の学校評価アンケートの『学校生活の中で、自信をもって取り組めることがあった。』の項目で、この学年の児童は『あてはまらない』という回答が多くありました。そこで、今年度の学年経営

頻出のテーマは？

の方針は『子供たち一人一人が成長を実感できるようにする。』にしたいと思います。」と言われた。そして、「この方針に基づいて、自分の学級経営の重点をどこに置き、どのように取り組んでいくか、具体的に考える必要がありますね。」と指導を受けた。

問題

　学年主任からの指導を受けて、あなたなら学級担任としてどのように学級経営を行っていくか、「学習指導」と「生活指導」について具体的な方策を**一つずつ**挙げ、それを取り上げた理由とともに、それぞれ**10 行（350 字）程度**で述べ、まとめなどを含めて全体で **30 行（1050 字）以内**で述べなさい。ただし、**26 行（910 字）**を超えること。

特例選考の課題は「○○を踏まえて」

特例選考の課題には、次の文言が含まれる。

●これまでの教員経験から得た成果や課題を踏まえて
●これまでの社会人としての経験を踏まえて

課題文をよく読んで、それに正対しなければならない。

論文を書くことは面接対策にもなる

　個人面接で、「○○のときには、どうしますか」と、訊かれることがある。瞬発的に答えられなければならない。そのためには、ある程度思考が整理されている必要がある。先述のように、論文を視写したり、自分で書いたりすることで、思考が整理される（詳しくは 30 ページ）。論文を書くことを面倒だと思わず、面接対策にもなると思って、どんどん書いていきたい。

Answer

　東京都の論文課題は、学習意欲、自尊感情、自己肯定感に関するものがやや多く出題されています。しっかりと対策しておきましょう。

❾ 過去問（小学校全科以外）

小学校全科以外の校種・教科は、A、B いずれかの選択問題である。
2022 ～ 2017 年度の課題は、事例を基に記述するものである。

2022年度（70分）

次の **A、B** のうちから 1 題を選択して、論述しなさい。また、**解答用紙には、選択した問題の記号を○印で囲むこと**。

A 次の記述を読み、下の問題について、論述しなさい。

> 　年度初めの職員会議で、教務主任から、昨年度末に実施した生徒アンケートでは、「自分の考えや質問を述べて、積極的に授業に参加している」や「根拠や理由を明確にして自分の考えを述べることができる」に肯定的な回答をした生徒が少なかったこと、また、教科主任会では、複数の教科主任から、「授業で学んだ内容を自分なりに解釈したり、これまで学習した知識と結び付けて自分の考えを形成したりすることができていない」ことが課題として挙げられたとの報告があった。
>
> 　その上で、教務主任から、「今年度、各教科等の指導において、『言語活動の充実を図り、言語能力の向上を目指す』を重点事項にしたいと思います。」と示された。
>
> 　職員会議終了後、教務主任からあなたに、「先ほどの重点事項に基づいて、どのように学習指導に取り組んでいくか、具体的に考える必要がありますね。」と話があった。

問題
　教務主任の発言を受けて、あなたならどのように学習指導に取り組んでいく、志望する校種と教科等に即して、具体的な方策を**二つ**挙げ、それぞれ

Question

自尊感情の定義は？

10行（350字）程度で述べなさい。また、その方策を考える上での問題意識を明確にし、全体で30行（1,050字）以内で述べなさい。ただし、26行（910字）を超えること。

　B　次の記述を読み、下の問題について、論述しなさい。

　あなたは、生活指導・保健指導部に所属している。

　年度初めの生活指導・保健指導部会で、生活指導主任から、全校生徒を対象に行った学校生活アンケートでは、「自分には、良いところがある」に否定的な回答が多く見られたこと、また、各学年の生活指導担当の教員からは、「苦手なことは、挑戦せずに避けようとする生徒が多く見られる」や「学校生活の様々な場面で、自分にはできないとあきらめる生徒が多い」ことが課題として挙げられたとの報告があった。

　その上で、生活指導主任から、「今年度、生活指導・保健指導部として、『生徒の自己肯定感を高められるよう、生活指導の充実を図る』を重点事項にしたいと思います。」と示された。

　部会終了後、生活指導主任からあなたに、「先ほどの重点事項に基づいて、生活指導・保健指導部の一員として、どのように指導に取り組んでいくか、具体的に考える必要がありますね。」と話があった。

問題
　生活指導主任の発言を受けて、あなたならどのように児童・生徒の指導に取り組んでいくか、志望する校種に即して、具体的な方策を**二つ**挙げ、それぞれ**10行（350字）程度**で述べなさい。また、その方策を考える上での問題意識を明確にし、全体で**30行（1,050字）以内**で論述しなさい。ただし、**26行（910字）を超えること**。

2021年度（70分）
　次のA、Bのうちから1題を選択して、論述しなさい。また、**解答用紙には**、

𝓐𝓷𝓼𝔀𝓮𝓻
　自分のできることできないことなど、すべての要素を包括した意味での「自分」を、他者とのかかわり合いをとおして、かけがえのない存在、価値ある存在としてとらえる気持ち。

選択した問題の記号を〇印で囲むこと。

　A　次の記述を読み、下の問題について、論述しなさい。

　年度初めの職員会議で、教務主任から、「昨年度末に実施した生徒アンケートで、問題の発見・解決に向けて、『情報の活用が十分できていない』や『情報の活用方法が分からない』と感じている生徒が多数いることが分かりました。また、昨年度末に行われた教科主任会で、『インターネットから得た情報をそのまま用いるなど、情報を整理したり、分析したりして思考する活動が十分でない生徒が多い。』といった意見が挙がりました。そこで、今年度、各教科等の指導において、『問題を発見・解決したり自分の考えを形成したりしていくために必要な情報を活用する力を育てる。』を重点事項にしたいと思います。」と報告があった。

　職員会議終了後、教務主任からあなたに、「先ほどの重点事項に基づいて、どのように学習指導に取り組んでいくか、具体的に考える必要がありますね。」と話があった。

問題

　教務主任の発言を受けて、あなたならどのように学習指導に取り組んでいくか、志望する校種と教科等に即して、具体的な方策を**二つ挙げ**、それぞれ**10行（350字）程度**で述べなさい。また、その方策を考える上での問題意識やまとめを明確に書き、全体で**30行（1,050字）以内**で述べなさい。ただし、**26行（910字）を超えること。**

　B　次の記述を読み、下の問題について、論述しなさい。

　あなたは生活指導・保健指導部に所属している。

　年度初めの生活指導・保健指導部会で、生活指導主任から、「昨年度行った生活に関するアンケートでは、『集団や社会のきまりを守ることができた』の項目で、否定的な回答が多くみられました。また、各学年の生活指

導担当の教員からは、『教員から言われればきまりを守るが、きまりの意義を理解して、自ら守ろうとする意欲に欠ける生徒が多い。』や『日々の学校生活の中で、自律性が育まれていないのではないか。』との報告を受けています。そこで、今年度、生活指導・保健指導部として、『規範意識を高めるとともに、自律性を育む。』を重点事項にしたいと思います。」と報告があった。

　部会終了後、生活指導主任からあなたに、「先ほどの重点事項に基づいて、生活指導・保健指導部の一員として、どのように指導に取り組んでいくか、具体的に考える必要がありますね。」と話があった。

問題
　生活指導主任の発言を受けて、あなたならどのように児童・生徒の指導に取り組んでいくか、志望する校種に即して、具体的な方策を**二つ**挙げ、それぞれ**10行（350字）程度**で述べなさい。また、その方策を考える上での問題意識やまとめを明確に書き、全体で**30行（1,050字）以内**で述べなさい。ただし、**26行（910字）**を超えること。

│2020年度（70分）│
　次のA、Bのうちから1題を選択して、論述しなさい。また、**解答用紙には、選択した問題の記号を○印で囲みなさい。**

　A　次の記述を読み、下の問題について、論述しなさい。

　年度初めの職員会議で、教務主任から、「昨年度末に行われた教科主任会で、複数の教科主任から『身に付けた知識及び技能を活用して自分の意見を言ったり、説明したりすることができない生徒が多い』や『習得した知識を相互に関連付けて、課題を解決することができない生徒が多い』といった意見が挙がりました。そこで、今年度、各教科等の指導において、

Ａnswer
自分の評価を行う際に、自分のよさを肯定的に認める感情。

　　『各教科・科目等の特質に応じた「見方・考え方」を働かせて、自ら問い
　を見いだし探究する力を育成する。』を重点事項にしたいと思います。」と
　報告があった。
　　職員会議終了後、教務主任からあなたに、「先ほどの重点事項に基づい
　て、どのように学習指導に取り組んでいくか、具体的に考える必要があり
　ますね。」と話があった。

問題
　教務主任の発言を受けて、あなたならどのように学習指導に取り組んでい
くか、志望する校種と教科等に即して、具体的な方策を**二つ**挙げ、それぞれ
10 行（350 字）程度で述べなさい。その際、その方策を考える上での問題意
識やまとめを明確に書き、全体で**30 行（1,050 字）以内**で述べなさい。ただし、
26 行（910 字）を超えること。

　　B　　次の記述を読み、下の問題について、論述しなさい。

　　あなたは生活指導・保健指導部に所属している。
　　年度初めの生活指導・保健指導部会で、生活指導主任から、「委員会活
　動などにおいて、準備や活動を進めていく中で課題が出たときに、生徒に
　話合いをさせても意見が出ず、解決の方向性を生徒同士で決めることがで
　きなかったという報告が挙がっています。そこで、今年度、生活指導・保
　健指導部として、『様々な集団での活動を通して、課題を見いだし、より
　よく解決していく力を育てる。』を重点事項にしたいと思います。」と報告
　があった。
　　部会終了後、生活指導主任からあなたに、「先ほどの重点事項に基づい
　て、生活指導・保健指導部の一員として、どのように指導に取り組んでい
　くか、具体的に考える必要がありますね。」と話があった。

問題
　生活指導主任の発言を受けて、あなたならどのように児童・生徒の指導に

🙋 **Question**
　見直し時に脱字が見つかりました。修正すると、何行も書き直さなければならず、
試験終了時刻に間に合いそうにありません。どうしたらいいの？

取り組んでいくか、志望する校種に即して、具体的な方策を**二つ挙げ**、それぞれ **10 行（350 字）程度**で述べなさい。その際、その方策を考える上での問題意識やまとめを明確に書き、全体で **30 行（1,050 字）以内**で述べなさい。ただし、**26 行（910 字）**を超えること。

2019年度（70分）

　次の A、B のうちから 1 題を選択して、論述しなさい。また、**解答用紙には、選択した問題の記号を○印で囲みなさい。**

　A　次の記述を読み、下の問題について、論述しなさい。

　年度初めの職員会議で、教務主任から、「昨年度、『自分の考えを的確に表現する。』を重点事項に学習指導に取り組んだ結果、学習に関する生徒アンケートにおいて『自分の考えを表現できた。』の項目で『あてはまる』と解答した生徒が一昨年度に比べて増えました。しかし、『自分の考えとは異なる考えについて理解することができた。』の項目で『あてはまらない』と解答した生徒が多いことが分かりました。また、各教科主任からは、『自分の考えを根拠とともに伝えたり、他者の考えに根拠をもって反論したりすることが苦手な生徒が多い。』という報告を受けています。そこで、今年度、各教科の指導において、『他者の考えを理解し、自分の考えを広げ深めることができる力を育てる。』を重点事項にしたいと思います。」と報告があった。

　職員会議終了後、教務主任からあなたに、「先ほどの重点事項に基づいて、どのように学習指導に取り組んでいくか、具体的に考える必要がありますね。」と話があった。

問題

　教務主任の発言を受けて、あなたならどのように学習指導に取り組んでいくか、志望する校種と教科等に即して、具体的な方策を**二つ挙げ**、それぞれ

Answer
　まずは、落ち着くことが大切です。たとえば、読点（、）を削ってみたり、表現を変えてみたり、漢字に直してみたりするなどして、字数を調整してみましょう。

10行（350字）程度で述べなさい。その際、その方策を考える上での問題意識やまとめを明確に書き、全体で**30行(1,050字)以内**で述べなさい。ただし、**26行（910字）**を超えること。

　B　次の記述を読み、下の問題について、論述しなさい。

　あなたは生活指導・保健指導部に所属している。

　年度初めの生活指導・保健指導部会で、生活指導主任から、「昨年度実施した学校生活実態調査において、『学校生活の中で不安や悩みがありますか。』という質問に『ある』と回答した生徒の割合が一昨年度に比べて増えていることが分かりました。また、『困っていることや悩んでいることなどを相談できる人がいますか。』という質問に対して、肯定的な回答が一昨年度に比べて減ってきていることが分かりました。そこで、今年度、生活指導・保健指導部として、『生徒が、学校生活に適応し、よりよい人間関係を形成するために、生徒理解を深め、生徒指導の充実を図る。』を重点事項にしたいと思います。」と報告があった。

　部会終了後、生活指導主任からあなたに、「先ほどの重点事項に基づいて、生活指導・保健指導部の一員として、どのように指導に取り組んでいくか、具体的に考える必要がありますね。」と話があった。

問題

　生活指導主任の発言を受けて、あなたならどのように児童・生徒の指導に取り組んでいくか、志望する校種に即して、具体的な方策を**二つ**挙げ、それぞれ**10行（350字）**程度で述べなさい。その際、その方策を考える上での問題意識やまとめを明確に書き、全体で**30行（1,050字）以内**で述べなさい。ただし、**26行（910字）**を超えること。

2018年度（70分）

　次の**A、B**のうちから**1題**を選択して、論述しなさい。また、**解答用紙には、**

アドバイス

　本番の試験問題が例年と異なる傾向でした。どうしたらいいの？

選択した問題の記号を○印で囲みなさい。

A 次の記述を読み、下の問題について、論述しなさい。

> 年度初めの職員会議で、教務主任から、「昨年度、学校で独自に実施した生徒対象の学習に関する調査の、『授業中に自分の考えを表現することができた。』の項目で、『できなかった』の回答が多くありました。また、各教科の教科主任からも、自分の考えはもっているものの、それを的確に表現できない生徒が多いという報告を受けています。そこで、今年度、各教科の指導において、『自分の考えを的確に表現する力を育む。』を重点事項にしたいと思います。」と報告があった。
>
> 職員会議終了後、指導教員からあなたに、「先ほどの重点事項に基づいて、どのように学習指導に取り組んでいくか、具体的に考える必要がありますね。」と話があった。

問題

　指導教員の発言を受けて、あなたならどのように学習指導に取り組んでいくか、志望する校種と教科等に即して、具体的な方策を**二つ挙げ**、それぞれ**10 行（350 字）**程度で述べなさい。また、その方策を考える上での問題意識やまとめなどを含めて、全体で **30 行（1,050 字）以内**で述べなさい。ただし、**26 行（910 字）**を超えること。

B 次の記述を読み、下の問題について、論述しなさい。

> あなたは、生活指導・保健指導部に所属している。
>
> 年度初めの生活指導・保健指導部会で、生活指導主任から、「昨年度、各委員会活動において行った生徒対象のアンケートの、『自らの役割を責任をもって果たすことができた。』の項目で、『できなかった』の回答が多くありました。また、委員会活動の担当教員からも、自らの果たす役割は何かということを自覚していない生徒が多いという報告を受けています。そこ

Answer

　どのような課題でも、課題文をよく読み、課題に正対して、序論→本論→結論、論→例→策の流れを意識しながら書くことが大切です。

で、今年度、生活指導・保健指導部として、『自らの役割を責任をもって果たすことができる力を育む。』を重点事項にしたいと思います。」と報告があった。

　部会終了後、生活指導主任からあなたに、「先ほどの重点事項に基づいて、生活指導・保健指導部の一員として、どのように指導に取り組んでいくか、具体的に考える必要がありますね。」と話があった。

問題

　生活指導主任の発言を受けて、あなたならどのように児童・生徒の指導に取り組んでいくか、志望する校種に即して、具体的な方策を**二つ**挙げ、それぞれ**10行（350字）程度**で述べなさい。また、その方策を考える上での問題意識やまとめなどを含めて、全体で**30行（1,050字）以内**で述べなさい。ただし、**26行（910字）**を超えること。

　　2017年度（70分）

　次のA、Bのうちから1題を選択して、論述しなさい。また、**解答用紙には、選択した問題の記号を〇印で囲みなさい**。

　A　次の記述を読み、下の問題について、論述しなさい。

　年度初めの職員会議で、教務主任から、「昨年度、授業評価アンケートの『授業は内容が分かりやすく、充実したものが多い。』の項目で『あてはまらない』という回答が多くありました。そこで、本年度、各教科の指導において、『個々の子供に応じたきめ細かい指導を充実させ、学習内容の定着を図る。』ことを重点事項にしてほしいと思います。」と報告があった。

　職員会議終了後、あなたは、副校長から、「先ほどの重点事項に基づいて、指導の重点をどこに置き、どのように取り組んでいくか、具体的に考える必要がありますね。」と指導を受けた。

　　　Ｑｕｅｓｔｉｏｎ
　　一日の時間の使い方はどのようにしたらいいの？

問題

　副校長からの指導を受けて、あなたならどのように学習指導に取り組んでいくか、志望する校種と教科等に即して、具体的な方策を**二つ挙げ**、それを取り上げた理由とともに、それぞれ**10行（350字）程度**で述べ、まとめなどを含めて、全体で**30行（1050字）以内**で述べなさい。ただし、**26行（910字）**を超えること。

　B　次の記述を読み、下の問題について、論述しなさい。

　あなたは、生活指導・保健指導部に所属している。年度初めの生活指導・保健指導部会で、生活指導主任から、「昨年度、地域住民対象の学校評価アンケートの『学校は、集団や社会の一員として、よりよい生活や人間関係を築く指導を行っている。』の項目で『あてはまらない』という回答が多くありました。そこで、生活指導・保健指導部として、本年度、『子供たちに、他者を思いやる心や社会貢献の精神を育む。』ことを重点事項にしたいと思います。」という話があった。

　部会終了後、あなたは、生活指導主任から、「先ほどの重点事項に基づいて、生活指導・保健指導部の一員として、指導の重点をどこに置き、どのように取り組んでいくか、具体的に考える必要がありますね。」と指導を受けた。

問題

　生活指導主任からの指導を受けて、あなたならどのように児童・生徒の指導に取り組んでいくか、志望する校種に即して、具体的な方策を**二つ挙げ**、それを取り上げた理由とともに、それぞれ**10行（350字）程度**で述べ、まとめなどを含めて、全体で**30行（1050字）以内**で述べなさい。ただし、**26行（910字）**を超えること。

Answer

　いつ、何の仕事をするかを考えます。たとえば、朝は連絡帳の確認、宿題のチェックを行う。中休みは授業準備に当てる。給食の時間に……という感じです。

MEMO

第3章

集団面接

　東京都の集団面接は、集団討論そのものである。

　集団討論では、協調性が大事だとよくいわれる。しかし、具体的に何をどのようにしたらよいのかなど、わからないことも多い。本章では、相手の話の聴き方をはじめとした集団討論における所作の基本について記した。よく読んだ上で、仲間と練習を繰り返し、その所作の基本を身に付けてほしい。

特典コンテンツ

❹集団面接の解説
❺集団面接　悪い例
❻集団面接　よい例
⑦集団面接課題

https://www.gakugeimirai.jp/pg-tokyo

❶ 形式と流れ

1 受験日程等

　二次試験は、午前か午後のどちらかを指定される。受験番号順に機械的に割り振られていく。受験日程・会場を希望・変更することはできない。なお、会場となる都立高校により、上履きが必要な場合があるので注意する。

2 控え室の様子

　受験番号順に集団面接の５人グループが決まる（人数調整で４人グループの場合もある）。欠席者対応で席を移動させられ、グループが変わる場合もある。

　控え室には「私語厳禁」とあり、静寂を保っている。同じグループの人とおしゃべりできるような雰囲気ではない。水分補給は可能である。水やお茶などを近くのコンビニ等で買ってから会場入りするとよい。また、トイレへ行く場合は係員に一言断り、その指示に従う。

　定刻になると、係員により、面接室へグループごとに一斉に誘導される。

3 入室

　面接室前では時間調整のために少し待たされる。ほどなくして定刻になると、係員から入室の指示がある。右図のＡとなる受験者から「失礼いたします」と、順々に入室していく。面接委員（以下、面接官）は３人である。入室するとすぐに荷物を置くよう指示される。ドアの横、右側か左側（教室の向きにより異なる）に荷物置き場がある。「お座りく

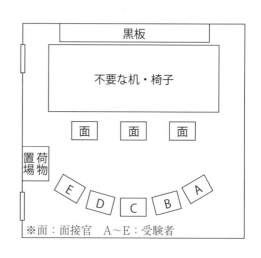

※面：面接官　Ａ〜Ｅ：受験者

Question

二次試験の服装はクールビズでいいの？

ださい」などと指示されるので、「失礼いたします」と、言って一斉に着席する。音を立てないよう、椅子を少し浮かせて引くように気を付ける。

4　流れ

　試験時間は40分である。

①面接官の「これから集団面接試験を始めます」という言葉から始まる。

②机の上に出してよい物は、筆記用具と時計のみという指示がある。

　机にはA4用紙が1枚置かれている。メモを取ってもよい（試験終了後回収）。

③テーマを伝えられる（ゆっくり2回繰り返されるので確実にメモする）。

④自分の考えとそれを実現するための具体的な取組を発表する。

　2分間考えた後に1分または1分半（年による）で話す。

⑤発表は挙手した順である。制限時間に達すると、「時間です」と、切られる。

　他の人の発表は、キーワードをメモしながら聴く。ここまで約10分である。

　お互いを、Aさん、Bさん、……と呼ぶ。

⑥話し合う（具体的な指示は年による）。司会は立てても立てなくてもよい。

　時間は約20分である（年による）。5分前にはまとめることが望ましい。

　集団面接終了まで面接官が指示したり、介入したりすることは原則ない。

⑦「以上で集団面接試験を終わります」と、言われたら、「ありがとうございました」と、あいさつしてから立つ。荷物を持ち、一人ずつ扉の前で振り返り、「失礼いたしました」と、言って退室する。

⑧退出後、Aの受験者は面接室前に残され、続けて個人面接となる。B～Eの受験者は、いったん控え室へ戻される。

司会は立てるか

　司会を立てるか否かで評価は左右されない。可能ならば、控え室でのいずれかのタイミングで受験者間で事前に決めておきたい。ただし、話合いが始まったら、形式でも「司会は立てますか」と、伺うようにするとよい。

Answer

　周りの人はジャケットを着ている場合もあります。また、会場はエアコンが効きすぎている場合もあるかもしれません。ジャケットは必ず持って行きましょう。男性の場合はネクタイも忘れずに。

❷　心構え　気持ちよく対話しよう

　集団面接は協調性を見る面接だといえる。「協調性」とは、「他の人と物事を
うまくやってゆける傾向や性質」（『大辞林』第三版）、「異なった環境や立場に
存する複数の者が互いに助け合ったり譲り合ったりしながら同じ目標に向かっ
て任務を遂行する素質」（Wikipedia）である。

　以下、協調性という観点から見て、望ましいものはどれかを考えてほしい。

1　相手の話の聴き方

[問題]　相手の話の聴き方として、望ましいものは、次の①〜③のうちどれか。
①笑顔で相手の方をじっと見る。
②普段の会話以上にうなずきを意識して、
　よくうなずきながら聴く。
③キーワードなどをメモしながら聴く。

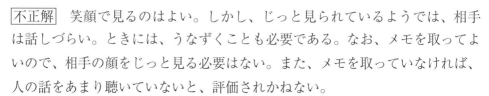

[解答・解説]

①笑顔で相手の方をじっと見る。

[不正解]　笑顔で見るのはよい。しかし、じっと見られているようでは、相手
は話しづらい。ときには、うなずくことも必要である。なお、メモを取ってよ
いので、相手の顔をじっと見る必要はない。また、メモを取っていなければ、
人の話をあまり聴いていないと、評価されかねない。

②普段の会話以上にうなずきを意識して、よくうなずきながら聴く。

[不正解]　うなずきは多少意識する必要はあるが、普段の会話以上におおげさ
にやると、かえって不自然である。相手の話のポイントでうなずくことが大切
である（詳しくは61ページ）。

③キーワードなどをメモしながら聴く。

[正解]　メモを取りながら、相手の話に耳を傾ければよい。誰が何を言ったかわ
かるようにメモしていくことが大切である。ときどき話し手の顔を見るとよい。

Question
　メモは自分が読めればいいの？

2　他人の意見の扱い方

問題　他人の意見の扱い方として、望ましいものは、次の①〜③のうちどれか。

①他人の意見はすべて受け入れる。

②意見が合わない場合は否定してもよい。

③話題がテーマからずれてしまったときには、
　すぐに元の話題に戻そうとした方がよい。

解答・解説

①他人の意見はすべて受け入れる。

不正解　話合いなので、他人の意見をすべて受け入れる必要はない。他人の意見をすべて受け入れなければ、協調性がないと思われてしまうと考えるかもしれないが、そのようなことはない。

②意見が合わない場合は否定してもよい。

正解　他人の意見が、たとえ自分とはとうてい異なった意見だったとしても、いったんは受け止めるようにする。最初から反対ありきの姿勢をとってはいけない。その後、よく考えた上で、考えが合わなかったり、あまりにおかしな意見であれば、否定することもあり得る。否定の仕方はいくつかある。

●「○○さんの意見はいいと思います。それに加えて……」と、付け加える。

●否定したい意見に対しては触れず、新たな意見を出す。

●「その意見には反対です」と、明確に示した上で代案を示す。

（話型について、詳しくは62ページ）

③話題がテーマからずれてしまったときには、すぐに元の話題に戻そうとした方がよい。

不正解　話題がテーマからずれてしまうことはしばしばある。できれば、テーマに近づくように話題を戻したいが、強引に戻せば、マイナス評価となってしまう。タイミングを見計らって話題を戻したい（詳しくは63ページ）。

3　発言の量・回数

問題　発言の量や回数について、望ましいものは、次の①〜③のうちどれか。

①発言の量や回数はグループ全員がほぼ同じであるとよい。

Answer
　構いません。メモ自体は試験終了時に回収されますが、そのメモによって評価が左右されることはないと考えて大丈夫です。

②発言は長くても1分が限度である。

③発言していない人がいたら、「いかがですか」と、話を振った方がよい。

解答・解説

①発言の量や回数はグループ全員がほぼ同じであるとよい。

正解　一人がたくさん話すようでは、周りの人たちは物言えぬ雰囲気になってしまう。発言の量や回数には気を配らなければならない。

②発言は長くても1分が限度である。

不正解　話す長さにも気を付ける必要がある。5〜15秒程度が目安である。長くても30秒がせいぜいだ。意見を言いたい気持ちはわかるが、全体のバランスを考える必要がある。一人だけ発言時間が長いということは、他の人が発言する時間を奪っているということに気付くべきである。

③発言していない人がいたら、「いかがですか」と、話を振った方がよい。

不正解　他の受験者に話を振らない方が身のためである。なぜなら、振った場合に答えられなかったら、気まずい雰囲気が流れることは間違いないからだ。誰しも触れたくない、もしくは触れられたくない話題がある。それならば、黙っている人には触れない方がよい。たとえ、「あの人が発言していないなあ」と、思ったとしても、「いかがですか」などと、振ってはならない。言いたければ、自分から言えるようにならなければならない。一方で、周りの人はその人が言いやすい雰囲気を作るよう努めたい。発言していない人を気遣うなら、少しその人の方を向き、様子をうかがう目配せ程度でよい。

1分間とはどのくらいか

　1分という時間を計ると、意外と長く感じられるかもしれない。1分間スピーチをするとして原稿を用意すると、400字詰め原稿用紙1枚に相当する。これをゆっくり読んでおよそ1分である。繰り返し練習して身に付けたい。また、30秒や1分半にも対応できるようにしたい。

Question

笑顔が苦手です。どうしたら上手にできるようになるの？

❸ テクニック 協調性を大切に

1 相手の話を笑顔で聴く

「目は口ほどにものを言う」という。それなりに「うん、うん」とうなずいていても、目を見れば、その人の思っていることがだいたい感じ取れる。たとえ、自分とは合わない意見だったとしても、笑顔で聴いていた方が印象はよい。ポーカーフェイスを装うのも一つである。

2 ポイントでうなずく

「うん、うん」と、うなずけと、よく指導される。練習の映像をビデオに撮り、冷静になって見てほしい。普段の会話と比べると、うなずきすぎて不自然になっていないだろうか。うなずくことは悪くない。しかし、「私は相手の話をしっかり聴いていますよ」と、アピールしすぎるあまり、全員が「うん、うん」と、過剰にうなずいている光景は面接官の目にも異様に映る。

小刻みにうなずくのではなく、相手の話のポイントでうなずくようにする。相手がいちばん言いたいであろうことを言ったときに大きくうなずけばよい。

3 エピソードを入れる

現職なら、経験を生かして話すようにする。子供との関わりのエピソードや授業実践などを話せるようにしたい。事前に送られてきたテーマに合わせて、話したいことをまとめておくとよい。

学生の場合は、教育実習や学生ボランティアなどで子供と関わった経験や、現職教員の授業から学んだことなどを普段からメモしておき、エピソードとして語れるようにしておきたい。

4 周りよりも少し大きい声で話す

あまりに声が小さければ、教師としての資質に欠ける。集団面接は、教室の

鏡の前で練習することです。歯磨きをしながらなど、生活習慣の一部として取り入れ、毎日練習するとよいでしょう。

後方で行われる。黒板の辺りまで届く声を意識するとよい。周りよりも少し大きい声で話せると、その受験者に対する面接官の印象はよくなるだろう。

5　ジェスチャーは控える

ジェスチャーはここぞというときにアピールするために多少は出してもよい。しかし、あまりに出てしまうと、落ち着きがないように見える。普段から出てしまいやすい人は、特に気を付けて臨んでほしい。

6　言いたいと思ったときに言う

話し合っていると、話の流れがどの方向に向かうのか読めないことが多くある。自分が言いたいと思った次の瞬間には、別の話題に移っていることも少なくない。自分が言いたいと思ったときには、その場で挙手するべきである。そのときにしか言えないアピールタイミングを逃すのはもったいない。ただし、発言の量や回数のバランスは考慮する必要がある。

7　話型

自分の意見を主張するとき

●私は○○だと思います。

●私は○○であると思います。理由は○○だからです。

●○○ということがありましたので、○○だと思います。

●○○さんの○○というお話がありました。
　私も○○ということがありました。

●○○さんの意見に付け加えて（を発展させて）、私は○○です。

人の意見を認めるとき

●○○さんの意見がとてもよいと思います。

●私は○○さんの意見に賛成です。私もいいと思います。

●今の発言の○○について賛成です。理由は○○だからです。

●○○さんのおっしゃっていた○○がいいと思います。そう思うのは○○だからです。

Question

他の受験者が長く話し出してしまったら、どうしたらいいの？

全体の場に話題を広げるとき

●○○について話し合いたいと思うのですが、いかがですか。

●○○という点については○○という意見です。○○について○○だと思うからですが、いかがでしょうか。

8　全体の場に話を振る前に必ず自分の考えを述べる

　全体の場に「いかがですか」と、話を振ることは、話題を広げるためにあってよい。しかし、「私は○○です」と、自分の意見も言わずに、いきなり「いかがですか」と、全体の場に話を振ることはマイナス評価となる。必ず自分の考えを述べてから振るようにする。

9　話題のずれは流れを見て修正する

　話合いをしていると、話題がテーマからずれてしまうことがある。無理矢理話題を戻そうとするのは印象がよくない。テーマに沿った話題に戻したとはいえ、その強引さは協調性という面ではマイナス評価となる。さりとて、長い時間テーマからずれた話をしていれば、グループ全体でマイナス評価となってしまう。うまく話をつなげながら、テーマに沿った話題に戻せるとよい。そのためには、タイミングを図る力と話をつなげる論理力が必要である。練習量が物を言うだろう。繰り返し練習する中で、テクニックとして身に付けたい。

どのくらいの間が空くとまずいか

　話合いをしていると話すことがなくなってしまい、話題が途切れてしまうことがある。長い空白の時間はグループ全体でマイナス評価となる。目安としては5秒である。

　間が空いたときには、次の話題にスムーズに移れるようにしたい。最初の発言やそれまでの話合いの流れなどを見ながら、「○○について話し合ってみたいと思うのですが、いかがですか」と、提案できると評価は高い。

Answer

　ひとまず話を聴くことに徹しましょう。笑顔で頷きながら聴いているだけでも、面接官の印象はよくなります。

❹　対策 仲間と共に

1　仲間をつくる

　集団面接は、受験者同士で少なくとも3人、できれば5人など、人が集まる所でしか対策することができない。学生ならば大学やゼミ内に仲間がいる。しかし、現職の場合、勤務校には一人もいないこともある。

　教員採用試験対策セミナーに参加するとよい。参加者のモチベーションも高く、有意義な練習時間となる。以下のように全国各地で開かれている。
教採突破塾HP　https://kyousaijuku.jimdofree.com/ （詳しくは150ページ）
SENSEI PORTAL　https://senseiportal.com/

　何度も同じ仲間で対策していると、徐々に相手のことがわかってくる。本番の試験会場に行けば、まったく知らない人との組合せである。全員が同じようなモチベーションで来ているとも限らない。現職と学生も混じっている。いざ試験が始まったら、思わぬことを言い出す人がいるものである。もしかしたら、相手をつぶすようなことを言う人もいるかもしれない。練習のときとは違った空気が流れる場合が多いのだ。これらのことを想定して練習に取り組んでいく必要がある。様々な場に参加し、自分を磨いていきたい。

2　ビデオに撮る

　ビデオに撮ると、客観的に自分を見ることができる。相手の意見を聴いているときの自分の無意識の表情や仕草などが見える。また、全体の様子がよくわかる。各人の発言の長さなども見えてくる。

3　プレゼンの内容を考えておく

　集団面接についての案内には、「関連するもの」とある。事前に想定される内容をリストアップし、それぞれの内容に合わせて1分程度の原稿を作っておくとよい。また、話題を考えておくことが有効な対策となる。

QUESTION
人の意見をつぶすようなことを言う受験者にはどのように対応したらいいの？

❺ 過去問（全校種共通）

集団面接については、一次試験の合格通知に、以下のような文書が同封され
て事前に送られてくる。

2022 年度

令和３年度東京都公立学校教員採用候補者選考（４年度採用）
第二次選考　面接　集団面接の内容

集団面接における「受験者間の話合い」について

集団面接では、はじめに、面接室ごとに面接委員が提示する課題（１点）
について、受験者が順番に各自の考えや、それを実現するための具体的な取
組を発表します。

受験者全員の発表が終わった後、各自が提示した課題に関連することにつ
いて、「受験者間の話合い」を行います。

なお、面接委員が提示する課題は、次のア〜カのうちのいずれか一つの事
項に関連するものです。

ア　思考力、判断力、表現力に関すること
イ　自主的、自発的な学習に関すること
ウ　協働した学びに関すること
エ　勤労や社会貢献に関すること
オ　異文化理解と共生に関すること
カ　健康の保持・増進に関すること

※　受験者にはア〜カの課題のうちのいずれか四つの課題を事前に提示して
います。

以上

Answer

集団面接の場で戦えば、評価を下げかねません。自分は相手を否定せず、別の
切り口から意見を述べたり、話題を変えることを試みましょう。

2021年度（選考区分A等）

① 学習への取組に関すること

② 自己肯定感に関すること

③ 情報活用能力に関すること

④ 社会参画に関すること

2021年度（選考区分B）

① 学習指導に関すること

② 協働に関すること

③ 情報活用能力に関すること

④ 社会参画に関すること

2020年度（選考区分A等）

① 思いやりに関すること

② 生活習慣の形成に関すること

③ 人間関係の形成に関すること

④ 情報活用能力に関すること

2020年度（選考区分B）

① 思いやりに関すること

② 生活習慣の形成に関すること

③ 勤労の意義に関すること

④ 言語能力に関すること

2019年度

① 基本的な生活習慣に関すること

② 他人を思いやる心や生命を尊重する心に関すること

③ 学びに向かう力に関すること

④ 基礎的・基本的な知識・技能の習得に関すること

Question

2016年度以前の過去問の傾向はどうだったの？

2018 年度

① 基本的な生活習慣に関すること

② 他人を思いやる心や生命を尊重する心に関すること

③ 積極的に社会参画できる力に関すること

④ 良好な人間関係を築く力に関すること

2017 年度

① 自信をもって行動することができる力に関すること

② 良好な人間関係を築く力に関すること

③ 役割と責任を果たすことができる力に関すること

④ 社会生活上のきまりに関すること

⑤ 望ましい勤労観・職業観に関すること

⑥ 社会的・職業的自立に関すること

⑦ 他人を思いやる心や生命を尊重する心に関すること

⑧ 社会の一員であることを自覚し、積極的に社会参画できる力に関すること

　形式はそれほど変わりません。ただし、数年前には、単元指導計画（学習指導案）を基に各自がプレゼンテーションし、話し合うという課題の時期もありました。

MEMO

第4章
個人面接

　本章では、面接における服装や身だしなみを含む心構えや答え方の原則を記した。答え方の原則については特に繰り返し読み、その原則を意識して練習に取り組んでほしい。

　合格者の面接記録もある。実際の面接がどのような流れで進んでいくのか、面接官からどのような質問をされるのか、それに対する受け答えはどうすればよいのか、答え方の原則と照らし合わせながら読んでいくとよい。

特典コンテンツ

❼個人面接の流れ

❽個人面接　リズムとテンポ　その１

❾個人面接　リズムとテンポ　その２

❿個人面接　圧迫面接

⑧面接票（記入例および記入のポイント付き）

⑨単元指導計画書式例（学習指導案を含む）

https://www.gakugeimirai.jp/pg-tokyo

❶ 形式と流れ

1 集団面接終了後の個人面接

　集団面接終了後、Aの受験者は面接室前にて待機させられる。B〜Eの受験者は、いったん控え室へ戻される（詳しくは57ページ）。個人面接は、一人あたり30分なので、B〜Eの受験者は、最低でも30分、最長で2時間待たされることになる。控え室で待っている間、面接票や単元指導計画はかばんの中にしまうように指示があり、見ることはできない。面接の質問を想定し、イメージトレーニングをしながら過ごすのがよいだろう。なお、B〜Eの受験者は、それぞれ開始10分前になると、係員により面接室へ案内される。

2 入室

　面接室前には係員がおり、定刻になると、入室の指示がある。もしくは、前の人が退室後、1分経過したら入室するよう指示される場合もある（年による）。ノックについては、しなくてよいと言われることもある（年による）。特に指示がなければした方がよい。入室するとすぐに、荷物を置くよう指示される。受験者用の机と椅子が真ん中に置かれている

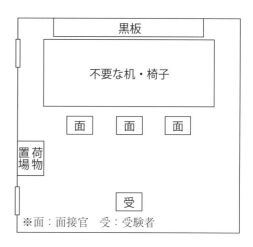

※面：面接官　受：受験者

（年により机がないこともある）。集団面接同様、着席は指示があるまで待つ。
　なお、面接票と単元指導計画（学習指導案）は控え室で回収されている場合もあれば、入室と同時に面接官に渡す場合もある（年による）。

3 導入の質問パターン

　面接官からの最初の質問は、おおむね次の2パターンである。そのときの受

❓uestion

準備する書類が多すぎて困っています。どうしたらいいの？

験者の様子を見て、どちらのパターンから入るかが決まる。

緊張をほぐすパターン

「昨日はよく眠れましたか」

「今日はどうやって来ましたか」

「お名前を教えてください」

などの後に、志望動機を訊く。

志望動機から訊くパターン

「なぜ、教員になろうと思ったのですか」

「東京都の教員を志望した理由を教えてください」

4　退室

　「以上で面接を終わります」と、言われたら、椅子から立ち、「ありがとうございました」と、言って一礼する。荷物を持ち、扉の前で振り返り、「失礼いたしました」と、言って退室する。

面接官の役割分担

　面接官は３人いる。それぞれ役割分担があり、どの人がどの分野の質問をするのかがあらかじめ決まっている。

①志望動機や面接票、都教委の施策など

②学習指導、単元指導計画（学習指導案）など

③生活指導、保護者対応など

　面接官は忙しい。限られた時間の中で面接票に目を通し、質問を考えている。「昨日はよく眠れましたか」などと、緊張をほぐすための形式的な質問をしながら、面接票を読んでいる場合もある。

　なお、面接官は、主として管理職が務めている。校長・副校長や指導主事に加え、主幹教諭も入っている場合があるようだ。他にも、企業の人事担当者が混じっている場合もあるらしい。

Answer

　面接票など型が決まっているものは、一次試験終了後から準備しておくとよいでしょう。限られた時間の中で効率よく準備できるよう計画的に進めましょう。

❷　心構え　面接官によい印象を与えよう

1　第一印象は大事

　第一印象はきわめて大事である。服装を始め、入室時の第一声や所作で決まってしまう。面接での受け答えがいくらよかったとしても、第一印象でつまずいてしまえば、評価は厳しいだろう。

好ましい身だしなみ

●黒のスーツ、白のワイシャツ（ボタンダウンは不可、女性はブラウスも可）

●黒の革靴（男性は紐靴）をしっかり磨いておくか新調する。

●上履きが必要な場合は、黒系統のスニーカーを新調する。

●男性は青いネクタイ　※赤いネクタイは厳禁

●手持ちのバッグ　※リュックは厳禁

●男性は、ひげをきちんとそる。女性は、髪が長い場合はまとめる。

好ましい態度

●椅子の背もたれには触れる程度にし、背筋を伸ばす。

●手は、男性は軽く握る。女性は軽く重ねる。

　なお、印象ということでは、学校外の教育サークルなどでの活動経験については、偏見の目で見られる場合がある。学校現場でも色眼鏡で見られてしまうことが多い。面接では特に触れない方がよい。

2　素直であれ

　「今まででいちばん辛かった経験は何ですか」と、訊かれて、どのように答えるだろうか。あまり深刻な話をしてはいけないと考えるし、それについて圧迫的な質問をされるのも嫌だと考える。しかし、大したことでもない、たとえば、「子供の喧嘩の仲裁が……」などと答えれば、面接官に嘘だと見抜かれてしまう。面接官は、受験者はどのような経験をし、どのように対応してきたのかということを知りたい。答えようによっては、「そこまで辛い思いをしてきているのなら、その経験を生かして頑張ってほしい」と、思われる。大事なこ

🅠uestion
　スーツやカバンなどは新調するべきなの？

とは、面接官に「この人とだったら一緒に働きたい」「いざ現場に出たときに、こんなふうに考えてくれる先生だったら……」「そのような温かい対応をしてくれる先生だったら……」という印象をもってもらえるようにすることである。

3　謙虚であれ

　本番の面接で怖いのは、「練習してきているな」と、面接官が思ってしまうことである。面接の受け答えの内容がよくても、「どうせ覚えてきたんだろう。気持ちが入っていない」と、思われてしまうのである。面接の練習をすることは大切だが、誠意をもって答え、心から伝えることを心掛ける。

　慣れてくると、思わず「やはり」「このように」という不用意な言葉を口走ってしまう。裏を返せば、「私のやり方でやれば間違いない」という自信の表れでもある。自信はあった方がよい。自信がなくても自信をもっていくべきである。しかし、面接においては謙虚さも伝えていく必要がある。

4　見栄を張るべからず

　面接票に書いたことや法令に関すること以外でわからないことを質問をされたときには、素直に「わかりません。申し訳ありません。勉強してまいります」と、答えるべきである。見栄を張って適当に答え、突っ込まれてぼろが出てしまわないようにする。

　ちなみに、質問の意味がわからない場合もあるかもしれない。その場合は、面接官に質問してもよい。

二次試験前日までの過ごし方

　試験直前まで対策に明け暮れる人もいれば、少々楽しみつつ過ごすという人もいる。毎日練習して、気持ちを落ち着けたいということもあるだろう。しかし、対策をしつつも少々楽しんで試験に臨む方が、ある意味落ち着いて受けられるということもある。

Answer

　汚れなど、あまりに目に余るものであれば、新調するべきです。第一印象はとても大事です。それが原因で落とされたとしたら、とてももったいないことです。

❸ 準備 面接票と単元指導計画

　一次試験の合格通知に、面接票とその記入上の注意、単元指導計画（学習指導案）書式例が同封されている。

1　面接票

　面接票は重要な文書である。受験者がPRできる唯一、最終の手段だからだ。粗雑だと評価は当然低くなる。面接票に渾身の力を注ぐべし。心して書くことを肝に銘じてほしい。

記入のポイント

①自筆で丁寧な読みやすい文字で書く。

②PRする内容についてスムーズにイメージがもてるように具体的に書く。

③常体で書く。文章にするか、箇条書きにするかは、項目によって使い分ける。

④訊いてほしい所、目立たせたい所は、アンダーラインを引いたり、ペンの太さを変えたりする。なお、ペンは3種類の太さを用意するとよい。

⑤空白は印象が悪い。できる限り埋めるようにする。

面接票は届く前から準備する

　一次試験の合否発表後、約2週間で二次試験の日が来る。それまでに面接票と単元指導計画を仕上げなくてはならない。

　東京都の面接票は項目が多く、様々な項目に書く素材が見つからず困る人も多い。可能であれば、知人などから書き上がっている面接票のコピーをもらうなどして、一次試験の合否発表前に下書きを仕上げておきたい。

　面接票を仕上げるまでには結構な時間がかかる。書く素材を集め、下書きをする。繰り返し面接練習をする中で、さらに修正を加えていく。その上で清書する。何度も書き直して、美しい面接票を書き上げたい。

Question

面接票には何を書いたらいいの？

2　単元指導計画

　単元指導計画の提出は、東京都独自である。書式例を参考にして仕上げる。

作成のポイント

①小学校全科の場合、第3〜第6学年（年による）の国語、算数、理科のうち、
　1教科を選択して作成する。小学校全科以外の校種は各教科で作成する。

　※小学校全科の理科コースは理科、英語コースは外国語活動で作成する。

②B4判・縦向き・横書き・1枚（片面のみ）で作成する。

　※余白、字数、行数は任意である。余白は最低10mmずつあるとよいだろう。

③MS明朝・10.5ポイントを基本フォントとする（細かすぎる文字は厳禁）。
　項目のフォントは、本文と変えると、行数が詰まっていても見やすくなる。

④書式例の各項目は、教科の特性、単元や題材に応じて変更してもよい。

⑤「単元の指導計画」は省略せずにすべての時間について記述する。

⑥面接時、単元指導計画に付随する教材教具等は持ち込み不可である。

⑦原本とそのコピーは、同一のものを持参する。書き込み等はできない。

想定される質問内容（質問例は123ページ）

①作成した単元を選んだ理由

②教材や授業形態、指導方法等で特に工夫した点

③目標と学習活動のつながり

④学習活動の大切な所、留意点や気を付けた所

⑤学年間の単元の関連、年間指導計画における位置付け

いずれの教科で作成するか

　算数や理科は、問題解決学習が主流である。そのことを念頭に置いて単元指導計画を作成する必要がある。主として教科書を使いたい人もいるだろう。しかし、そのような人でも、試験に受かるためなら何でもすることである。また、わり算の筆算(4年)など、突っ込まれないような単元で作成したり、問題解決学習の話にもっていかないようにしたりするなど工夫したい。

Answer
　面接官に訊いてほしいことを書きましょう。ただし、たとえば、資格などをもっていたとしても、いざ訊かれると困るような不用意なことを書いてはいけません。

3　学習指導案

　受験校種等・教科（科目等）が特別支援学校理療、特別支援学校自立活動、養護教諭の場合は、単元指導計画ではなく、学習指導案を作成する。単元指導計画同様、書式例を参考にして仕上げる。

作成のポイント（単元指導計画と異なる点のみ掲載）

①受験する校種等・教科（科目等）にあわせて作成する。

② B4 判・縦向き・横書き・両面1 枚で作成する。

③表面には、書式例の項目1 〜 6 を記述する。裏面には、項目7 として「本時の展開」を、項目8 として「指導にあたっての工夫等」を記述する。

④特別支援学校理療の場合は、理療の時間における児童・生徒の実態を想定して、1 単位時間分の「学習指導案」を作成する。

⑤特別支援学校自立活動の場合は、自立活動の時間における児童・生徒の実態を想定して、1 単位時間分の「学習指導案」を作成する。

⑥養護教諭の場合は、教科「体育」や「保健体育」に関する任意の校種・単元を選び、教科担任として、ティームティーチングにおいて、主として授業を行うことを想定し、1 単位時間分の「学習指導案」を作成する。

想定される質問内容（質問例は 123 ページ）

　校種等・教科（科目等）によっては、学習指導案であるが、想定される質問内容は、単元指導計画とさほど変わらないと考えてよい。

単元指導計画（学習指導案）自体は評価されるの？

　単元指導計画（学習指導案）自体は評価されるのか、気になる人もいるだろう。結論からいうと、これ自体は評価されないと考えてよい。インターネットが発達している現代において、どこからかコピペしようと思えば、簡単にコピペできてしまうからである。しかし、自分で書いたものでなければ、いざ面接官に質問されて困るのは容易に想像が付くことだろう。

Question

単元指導計画（学習指導案）はどうやって作ればいいの？

❹ 面接官はこう尋ねる

1 質問の目的

①受験者の人柄、性格、個性などを把握する（知識を問うことは一次試験）。

　※一次試験（教職教養や専門教養）免除の場合、知識を問われることもある。

②単元指導計画（学習指導案）では、指導のねらいや指導上の工夫、わかりやすい授業や魅力ある授業についての考えを確かめる。

③答えづらい質問をされた際の空白の時間の様子で、困難に陥った場合の対応を見る。キョロキョロしたり、手がせわしなく動いたりすると、落ち着きがなく見える。突発的な出来事に対応できないのではないかと思われる。

2 質問の視点

過去の経験や取組を、今後、教員としてどのように生かしていくか。

```
　成果を上げた経験　　　工夫・苦労した経験
　　　　　↑　　　　　　　　　　↑
　┌─────────────────────────────┐
　│経験の内容を把握するための質問（初発）│
　└─────────────────────────────┘
　　　　　↓　　　　　　　　　　↓
　経験から得たもの　　　　成果・工夫・苦労の
　教員として生かす方策　　具体的な行動の事実
```

書いたことは必ず訊かれると思うべし

　面接票と単元指導計画（学習指導案）に書いたことには責任をもとう。たとえば、資格について書いたのならば、それはどんな資格なのか、どのようなことに生かせるのかなど、答えられるように準備しておく必要がある。

Answer

　合格者の単元指導計画（学習指導案）やインターネット上に公開されている指導案などを参考にしながら、自分のものとして仕上げていきましょう。

3 質問の展開例

　面接官の尋ね方は2種類ある。以下のチャートを見ながら確認してほしい。

縦に掘り下げる質問例　　　　　　　　　　横につなぐ質問例

あなたは、友人と何かをするとき、どのような役割になることが多いですか。

↓　　　　　　　　　　　　　　　　　　　　※☆は、以下、話題を変える場合

どうして、そのような役割になるのですか。	→	他にも理由がありますか。（☆）

↓

そのことについて、もう少し詳しく話してください。	→	○○の場合はどうですか。

↓

・具体的なエピソードを教えてください。 ・そのとき、あなたはどう考えましたか。 ・それに対して、あなたは何と言いましたか。	→	他にもエピソードがありますか。（☆）

↓

あなた自身は、友人と何かをするとき、どのような役割が望ましいと思いますか。	→	その他にどんなことがありますか。（☆）

Question

単元指導計画（学習指導案）の評価規準はどこから引用すればいいの？

5　答え方の原則① 短く答える

以下の質問とそれに対する解答を見てほしい。

> **面　小学校4年生の算数で子供がいちばんつまずくと思う単元はどこですか。**
>
> 受　小学校4年生の算数で子供がいちばんつまずくと思う単元は、わり算の筆算です。わり算の筆算では、まず3年生の段階でのわり算を理解していないことが考えられます。また、2年生での九九を習得していないことも考えられます。2年生での九九を習得していない場合、ノートに九九表を貼らせます。そして、その九九表を見ながら、わり算の筆算をさせます。
>
> **面　はい。次の質問にいきます。**

　上の解答の悪いところを書き出してみよう。

> ①
> ②
> ③

①復唱している。

　面接官の質問の文言をそのまま復唱している。「小学校4年生の算数で子供がいちばんつまずくと思う単元は」と、復唱する必要はない。

②訊かれたこと以外も答えている。

　面接官は、「小学校4年生の算数で子供がいちばんつまずくと思う単元はどこですか」と、訊いたのである。「3年生の段階での……」「2年生での九九を……」「ノートに九九表を……」と、答える必要はまったくない。

③答えが長い。

　①、②とも関連するが、訊かれたことに対して、短く端的に答えなければならない。ただし、志望動機や「詳しく話してください」などと言われた場合な

Ⓐnswer

国立教育政策研究所の評価規準を参考としましょう。
https://www.nier.go.jp/kaihatsu/shidousiryou.html

ど、多少長く答えてもよい質問もある。

　以上のことを踏まえて、最適な解答を書いてみよう。

解答はきわめて明快である。

「わり算の筆算です。」

以上である。短く答えれば、ほぼ必ずその話題について掘り下げられる。

面　具体的にどの部分でつまずくと思いますか。

受　九九を覚えていないことが原因で計算ができないと思います。

面　そのような子供にどのように指導しますか。

受　九九表をノートに貼らせます。

　このように面接官と受験者の間で、短くテンポのよいやり取りをしていく。

　長い解答は、面接官の求めていない情報を含む場合が多い。すると、別の質問に移ってしまう。長く話された分、面接官としては、それ以上訊くことがなくなってしまうのだ。

解答が複数ある場合

　たとえば、「算数で九九がわからない子供にどのように指導しますか」という質問のように、解答が複数ある、もしくは複数答えたい場合がある。そのような場合には、「○つあります」と、先に言う。すると、面接官は「○つあるんだな」と、見通しをもって聴く準備ができる。たとえば、「2つあります。1つ目は、毎時間、百玉そろばんで授業の始めに九九を唱えます。2つ目は、休み時間にする前に少しだけ練習します。『7の段だけ言えたら、遊びに行ってもいいよ』と、伝えます」のように答えるとよい。基本的には2つまでが妥当であるが、質問によっては3つほど答えてもよい場合もある。

Question

　単元指導計画（学習指導案）はB4サイズで作成するよう指定されています。自宅ではA4サイズまでしか印刷できません。どうしたらいいの？

6 答え方の原則② ぶれずに答える

　自信がない答えをせざるをえないときや、面接官の求める答えを答えられないときなど、面接官に少しけげんな顔をされる場合がある。その圧力に負けてしまい、一度言ったことを覆してしまったり、答えがぶれてしまったりすることがある。その場合、面接官から不信感をもたれ、マイナス評価となる。たとえば、以下のような感じである（質問の内容は前ページの続き）。

悪い例①

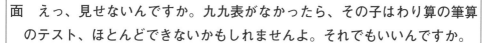

面　九九表はテストのときにも見せますか。

受　見せます。

面　テストで九九表を見せてもいいのですか。

受　あっ、やっぱり見せません。

面　えっ、見せないんですか。九九表がなかったら、その子はわり算の筆算
　　のテスト、ほとんどできないかもしれませんよ。それでもいいんですか。

受　そうですねえ……。やっぱり見せた方がいいですね。

面　はい。わかりました。

　これは、面接官にテストということを突っ込まれ、その圧力に負けてしまうパターンである。

悪い例②

面　九九表はテストのときにも見せますか。

受　見せます。

面　テストで九九表を見せてもいいのですか。

受　はい。

面　他の子供たちには見せていないのに、その子だけ見せていいのですか。
　　他の子供たちから○○ちゃんだけずるいと、文句が出ませんか。

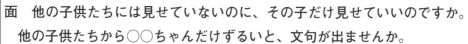

Answer

　対処方法は２つあります。① B4 サイズで作成し、PDF で出力してコンビニで印刷する。②現職の場合、勤務校で作成し、印刷する。

受　そうですね。たしかに、文句が出ると思うので、やっぱり見せません。

面　そうですか。見せないんですか。九九表がなかったら、その子はわり算の筆算のテスト、ほとんどできないかもしれませんね。

受　…………

面　それでは、次の質問にいきますね。

「他の子供たちから○○ちゃんだけずるいと、文句が出ませんか」という揺さぶりに対し、「そうですね。たしかに、文句が出ると思うので、やっぱり見せません」などと言うと、答えがぶれてしまう。答えがぶれると、どんどん詰められ、圧迫面接のようになってしまう。「そんな人に任せて大丈夫か」と、面接官に思われる原因となる。一度言ったことは最後まで貫き通さねばならない。

よい例

面　九九表はテストのときにも見せますか。

受　見せます。

面　テストで九九表を見せてもいいのですか。

受　はい。

面　他の子供たちには、見せていないのに、その子だけ見せていいのですか。他の子供たちから○○ちゃんだけずるいと、文句が出ませんか。

受　他の子供たちには、なぜ○○ちゃんだけ九九表を見てもいいのかということを事前に説明します。

このように面接官から突っ込まれたとしても、自分の信念をもち、解答がぶれなければ特に問題はない。

もう一つ。次のような質問がある。

面　明日、遠足です。放課後にある母親から電話がかかってきました。話を聴くと、「うちの子は『明日の遠足は行きたくない』と、言っています」と、言われました。どうしますか。

Question

面接官に「本当にそうですか。」と詰められ、自分の解答に不安を覚えました。どのように振る舞ったらいいの？

82

悪い例

受　まずは理由を訊きます。もし、子供と直接話せるようであれば子供と、話せないようであれば保護者に訊きます。

面　理由を訊いたところ、仲のいい友達と一緒の班になれなかったからということでした。どうしますか。

受　明日が遠足ですし、家庭訪問して直接話します。

面　どんなことを話しますか。

受　「せっかくの遠足だし、楽しいこともいっぱいあるから」と、伝えます。

面　それでも「行きたくない」と、言われてしまったらどうしますか。

受　班を変えることを検討します。

面　班を変えるんですか。他の子供たちから文句が出ませんか。

受　出るとは思いますが、それでも変えます。

面　他の子供たちの文句はどう抑えるんですか。

受　…………

面　はい。それでは、次の質問にいきます。

正解

受　まずは理由を訊いて、場合によっては家庭訪問します。

面　理由を訊いたところ、仲のいい友達と一緒の班になれなかったからということでした。どうしますか。

受　その子供の気持ちを受け止め、共感します。しかし、班は変えません。電車の中やお昼の時間など、班行動をしない時間もあるので、そのような時間で一緒にいられるように配慮します。

面　はい。わかりました。

①行きたくないという子供への可能な範囲での配慮の仕方
②どの子供にも公平・公正に対応できるか
というのがポイントである。決して班を変えてはいけない。

🅐nswer
　簡単にいえば、試されているときだといってよいでしょう。解答がぶれないように、一度言ったことを貫き通す自信をもちましょう。

7 答え方の原則③ 質問の種類を見分ける

質問には、「広い質問」と「狭い質問」の２種類がある。

種類	具体性	質問例	答え方
広い質問	抽象的	①いじめについてどう思いますか。 ②不登校についてどう思いますか。 ③夏休みはどのように過ごしていますか。	内容を限定して、小さく答える。
狭い質問	具体的	①クラスに特別な支援を要する子供はいますか。 ②とび箱が跳べない子供はどのくらいいますか。 ③ICTを使って授業をしたことはありますか。	内容を広めて、大きく答える。

> 広く訊かれたことには小さく答え、狭く訊かれたことには大きく答える。

　面接官からの質問に対して、「広い質問」なのか「狭い質問」なのかを考え、瞬時に判断し、答えられるように練習していく必要がある。ちなみに、東京都を含め、多くの自治体で訊かれる大半の質問は「広い質問」である。

　質問の種類を見分けずに答えたとする。たとえば、「夏休みはどのように過ごしていますか」という質問に対して、「教員採用試験の対策と教材研究と校務分掌と……」というように答えると、話がまとまらない。自分が次に訊いてほしい内容に限定して、小さく答えることがポイントである。

　なお、「広い質問」をされた場合に小さく答えると、次につながる質問は「狭い質問」となる。大きく答える。また「広い質問」へとつながる。小さく答える。このように質問の流れを作っていく。

　質問の種類を見分けることが合格への鍵となる。これこそ、面接の答え方の丸秘奥義といえるものである。

Question
　自分の土俵に持ち込むためには、面接票をどのように書いたらいいの？

8 テクニック① 質問を誘導する
──「広い質問」から「自分の土俵に持ち込む」──

　個人面接は「攻めの面接」である。面接官に「私はこんなにいいところがあるから採ってください」と、アピールする場だ。したがって、面接官には、自分が訊いてほしいことを訊いてもらわなければならない。「面接官に訊いてほしいことを都合よく訊いてもらえるのか」と、思うかもしれない。これは受験者側の受け答えによる。

　たとえば、学習指導力や研究熱心であることをアピールしたいとする。

面　今までの経験の中でいちばん嬉しかったことは何ですか。

受　3年生を担任した時に、4月当初、漢字の小テストが0点だった子供が、学年末には、80点、90点、ときには100点を取れるようになったことです。

面　そのことについてもっと詳しく話してください。

受　①先輩の先生に、漢字の指導法を訊き、様々な指導法を試しました。②1学期末までに、50点、60点と上がっていきました。2学期の最初は、夏休みを挟み、10点からのスタートでしたが、2学期末には、100点を取ることができました。3学期は毎回、80点、90点、ときには、100点を取ることができるようになりました。

面　様々な指導法とのことですが、どのような指導をしたのですか。

受　③黒板にお手本を書いたり、ノートに何度も書かせたりするなど、学びました。いくつかの指導法の中で、漢字を人差し指で何度も書いて覚えるという指導法がいちばん効果が出たので、子供たちには、「目をつぶってすらすら書けるようになるまで指で何度も書くんですよ」と、指導しました。

面　はい。わかりました。よかったですね。

　下線はポイントの部分である。

①…先輩の先生から学ぼうとする研究熱心な姿が読み取れる。

🅐nswer

　訊いてほしいことを各欄の一番上に書きましょう。また、太いペンで書いたり、アンダーラインを引いたりするなどして、目立たせるような工夫をしましょう。

②…子供の事実があるので、③の裏付けとなる。

③…学習指導力があると思われる。

なお、短く答えるのが原則だが、「詳しく話してください」と、言われているので、この場合は多少長く答えても問題ない。

　初発の質問「今までの経験の中でいちばん嬉しかったことは何ですか」は、「広い質問」である。下線の内容にもっていくための解答を考えればよい。また、①で「様々な指導法」と、答えることで、「様々な指導法とのことですが、どのような指導をしたのですか」という質問につなげることができる。

　このように、面接官に訊いてほしいことを訊かせ、面接の内容を「自分の土俵に持ち込む」ようにする。「広い質問」は、「自分の土俵に持ち込む」チャンスなのである。

　もう一つ例を挙げる。

面　不祥事についてどう思いますか。

受　不祥事は決してあってはならないことだと思います。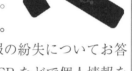

面　不祥事を起こさないために、あなたはどうしますか。

受　不祥事には、いくつか種類がありますが、個人情報の紛失についてお答えいたします。たとえば、学校で仕事が終わらず、USB などで個人情報を持ち出し、紛失してしまったり、ワークテストの採点などの成績処理に追われ、学校から持ち出し、帰宅途中で盗難に遭ったりすることなどが考えられます。私は学校でやるべき仕事は学校で終えるようにします。

面　学校の仕事はたくさんあります。限られた時間の忙しい中で、仕事を終えることはできますか。

受　やることがたくさんあって終わらないこともあるかと思いますが、たとえば、成績処理など学校でしかできない仕事を学校で優先してやり、教材研究など家でもできることは、教科書を持ち帰って家でやるなどして頑張ります。

面　最近は、働き方改革が話題となっていますが、家でも仕事をするのですか。

Question

働き方改革なのに、定時で帰ることをアピールするのは駄目なの？

> 受　終わらない場合は、仕方がないことだと思います。仕事を効率化して、できるだけ早く終えられるように頑張ります。
>
> **面　はい。わかりました。**

　ところで、不祥事とは何か。東京都では、『使命を全うする！〜教職員の服務に関するガイドライン〜』の中で、以下の項目を挙げている。

1　不適切な行為（わいせつ行為）、セクシュアル・ハラスメント等の禁止

2　私的なメール、SNS等の禁止

3　個人情報の適切な管理等

4　体罰等の禁止

5　飲酒に伴う不適切な行為の防止等

6　自家用車通勤等の禁止、交通事故の防止

7　パーソナルコンピュータの適正な利用等

8　利害関係者との不適切な接触等の禁止等

9　会計事故の防止

10　児童・生徒等の模範となる身だしなみ等

11　障害者差別の禁止等

12　パワー・ハラスメント（パワハラ）の防止

この中で面接官に訊いてほしい内容に限定して答えるとよい。

　なお、面接官はアナログからデジタルに移行した世代である。その変化に対応しきれなかった人もいる。つまり、パソコンやUSBメモリなどの話題を出すと、それ以上突っ込んだ質問はされにくい。

　ちなみに、校務パソコンのデータをUSBメモリなどで取り出すことが難しくなっている昨今、紙ベースの個人情報の紛失が非常に多い。そのようなことも話すと、面接官に「よく知っているなあ」と、思ってもらえるだろう。

　服務事故については、以下のHPに主なものが掲載されている。事例を見て、面接などで話しやすい内容を見つけておくとよい。

都教委HP「教職員の服務」

https://www.kyoiku.metro.tokyo.lg.jp/staff/personnel/duties/infringement.html

　管理職の中には、遅くまで残ることが美徳であると考えている人もいます。実際は定時で早く帰るとしても、そこは伏せつつ、一生懸命働くことを伝えましょう。

🄈 テクニック② 目線

問題 面接のとき、目線の位置として、もっとも適切なものは、次の①〜③のうちどれか。

①目を見る。

②ネクタイを締めている首の部分を見る。

③おでこを見る。

解答・解説

①目を見る。

不正解 目を見ることと、よく指導される。しかし、面接官の目力に負けてしまうことがある。片目だけ見るようにするという方法もあるが、それでも気恥ずかしい場合がある。相手の目をずうっと見続けるというのは結構難しい。

②ネクタイを締めている首の部分を見る。

不正解 ネクタイの部分では、目線が少し下がって見える。暗い印象となってしまう。

③おでこを見る。

正解 おでこなら恥ずかしくなく、目線も上がっているように見える。

| ① △ | ② × | ③ ○ |

面接官のおでこを見よう

目線は重要な要素である。自分の目線を分析するには、ビデオに撮るとよい。

Ｑｕｅｓｔｉｏｎ

圧迫面接になってしまった場合はどうしたらいいの？

⑩ テクニック③ 即答するべからず

　好きな食べ物は何ですか。

そう訊かれて、「○○です」と、即答した人は要注意である。頭の回転が速くて、たいていの質問にはすぐに答えが思い浮かぶという場合もあるだろう。さりとて、即答はしない方がよい。

1　即答してはいけない理由

①「本当に考えているのか」と、疑われる。

　考えるには時間が必要である。即答してしまうと、「本当に考えて答えているのか」「適当に答えているのではないか」と、面接官が疑いをもつ場合がある。たとえ、頭の回転が速くても、考えている振りをした方がよい。

②「覚えてきただけ」と、思われる。

　何度も面接練習を繰り返し、すでにその答えを覚えている場合もある。しかし、それゆえに即答してしまうと、「どうせ覚えてきたのだろう。覚えてきたことしか言えないのなら、突発的な出来事に対応できないだろう」と、思われてしまう。ある程度の方向性は必要だが、その場の瞬時の思い付きがよい。

③答えづらい質問をされたときに困る。

　たとえば、子供の音読を速くするためには、追い読みのときに、教師→子供→教師→子供の間を徐々に詰め、テンポを速めていく。同じように、面接において、面接官の質問に即答していってしまうと、どんどんテンポが速くなっていく。その結果、考える時間が短くなっていき、答えづらい質問をされたときに微妙な間が生じ、焦る原因となる。

④即答された場合の面接官の心理

　たいていの質問は何を訊いてもすぐに答えられる場合、面接官の心理からすると、「答えを用意してきたんだな。それなら、この質問ならどうだ」と、意地悪な質問をしたくなる場合がある。難易度がどんどん上がっていってしま

Answer

　困ったときほど笑顔を見せるように心掛けましょう。また、面接官の質問に対して「はい。」と言い、少し長めに間を空けると徐々に元のペースを取り戻せます。

う。そして、即答できなくなり、リズムが崩れる。沈黙している間の雰囲気を気まずいと感じてしまう。結果として、自分の首を絞めてしまうことになる。

⑤即答する人はピンかキリ

本当に即答できる場合はピンである。適当に答えている場合や覚えてきた答えを言っている場合はキリである。面接官にこの人は、ピンなのか、キリなのかと考えさせるよりは、考えている振りをしてでも、「しっかりと考えて答えているんだな」という印象をもってもらえる方がよい。

2 間を意識して練習する

即答する癖がなかなか直せない場合は、「はい」と、言った後に「1、2」と、心の中で意識して数えるとよい。本番では「1、2」と、数えている余裕はないので、自然に間を空けられるように繰り返し練習する必要がある。本番は緊張して速くなりがちなので、練習では3〜5秒程度空けることを意識する。

圧迫面接でも大丈夫？

東京都では、圧迫面接はあまり見られない。しかし、まったくないわけではないようである。圧迫か否かのぎりぎりのラインでやられる場合もある。いわゆる圧迫面接の場合は主として2パターンある。

①見込みがあると思って訊かれる（よいパターン）

おもに、「他にはありますか」と、繰り返し訊かれる場合がこれに当てはまる。受験者のもっているよさを最大限に引き出そうとしている場合である。もしくは、答えてほしいことを引き出そうとしている場合である。

②不用意な解答をして詰められる（悪いパターン）

81ページの九九表について、「あっ、やっぱり見せません」と、言ってしまったり、83ページの遠足の班について、「班を変えることを検討します」と、言ってしまったりし、詰められる場合である。

QUESTION

志望動機は合格するために、どれくらい重要なの？

⓫　対策①　脱「どんぐりの背比べ」
──ありきたりな解答から一歩抜け出そう──

1　志望動機で差が付く

　最初に訊かれるのが志望動機である。面接官の心に響くことを言いたい。

教員を目指したきっかけは何ですか。

　まずは、自分で解答を書いてみよう。

　教員を目指したきっかけ・理由でどのようなことを伝えるかで、合否が左右される。想像してほしい。面接官は一日に10人面接する。たとえば、そのうちの8人が次のような解答をしたとする。

①子供が好きで教師を目指しました。
②学生ボランティアとして子供と関わり、
　この仕事に魅力とやりがいを感じました。
③小学校時代の恩師がとてもいい先生で、
　私もそのような先生になりたいと思いました。

　どれもありきたりな解答で「まあ、そんなところなのね」という印象を受けなかっただろうか。いずれも抽象的な解答なのである。面接官からすれば、「どんぐりの背比べ」の状態で印象に残らない。つまり、他の受験者と差が付かないのである。しかも、これらは突っ込み所満載の解答である。
①子供が好きなだけで教師をやっていけるのですか。裏で先生方がどんな大変

Answer
　志望動機が一般的な内容でも合格しないわけではありません。しかし、その内容が印象的で、魅力的であればあるほど、面接官の評価は上がります。

な思いをしているか知っていますか。

② 「この仕事に魅力とやりがいを感じた」とのことですが、それは何ですか。

③ 「とてもいい先生」とは、どんな先生ですか。

　以下のような解答はいかがだろうか。

解答例①

　私は新潟県の貧しい家庭で生まれ育ちました。とても貧しかったため、当時、様々な集金等が支払えず、給食費もままならない状態でした。そんな中、担任の先生が給食費をこっそり立て替えてくれて、「あなたは気にしないで食べていいんだよ」と、言ってくれたり、遠足では「先生、お弁当を間違えて２つ持って来ちゃったから食べてくれるか」と、優しく声をかけてくれたりしました。私もそのような優しい先生になりたいと思い、教員を目指しました。

解答例②

　学生ボランティアとして関わっていた学校で、ある１年生の男の子がいました。入学当初、その子は学校が不安で、朝、校門の柵にしがみついていました。ぎゅうっと柵を握りしめたその指を、担任の先生が「大丈夫だよ。今日はね、みんなでおにごっこをするよ。楽しいよ」と、優しく声をかけながら一本一本ほぐしていきました。その先生の姿に憧れ、私もそのような先生になりたいと思いました。

解答例③

　私は父子家庭で育ちました。６年生の時、母の日が近付いたころ、友達はプレゼントを何にするか相談していました。私はその輪に入れません。その当時の担任の先生が「先生も父子家庭だった。あなたがいいなら、先生をお母さんだと思っていいよ」と、言ってくれました。私はそこから、辛い環境にいる子供たちの心を支え、育てていきたいと思いました。

question

東京都はどんなところが魅力なの？

印象に残ったのはどれだろうか。参考にしてほしい。面接官が「この人を採りたい」と思うような印象的なエピソードを話す。以下に、志望動機に使えそうなエピソードを書き出そう。面接官の心に響きそうなものをじっくり考えるとよい。

```
・

・

・
```

　解答例と自分のエピソードをもとに、もう一度、志望動機を書こう。これがいちばん面接官に響くというエピソードを選び、作り上げてほしい。

　なお、「東京都の教員を志望した理由は何ですか」のように訊かれる場合もある。その場合は、志望理由に加えて、たとえば、「私は東京都で生まれ育ち……」などと言えば、それなりに体裁が整う。施策に触れるのもよいだろう。

2　その解答、聞き飽きました

　面接官が「もう聞き飽きた」と、うんざりする解答は志望動機以外にもある。

> すぐに手が出てしまう子供がいます。どのように指導しますか。

　まずは、自分で解答を書いてみよう。

Answer

　博物館などの様々な施設があること、山間部のように自然豊かな場所もあることです。また、交通の便がよいことも魅力の一つでしょう。

よくある解答は以下である。

> 手を出してしまったときには、手を出さないように繰り返し指導します。

多くの受験者は、悪い部分を指導するというマイナスの要素のみ答えて終わりである。これでは差が付かない。プラスの要素を付け加える必要がある。

> 手を出してしまったことは、しっかりと反省させます。「どんなに相手が悪かったとしても、先に手を出した方が負けなんだよ」と、伝えます。<u>また、そのような子供でもサッカーが得意など、必ずよいところがあるので、その子供のよさを認め、支え、励ましながら指導していきます。</u>

下線のようにプラス面も言えるかどうかという微差が、合格できるかどうかという大差に結び付く。ちなみに、「東京都の求める教師像」の「③子供のよさや可能性を引き出し伸ばすことができる教師」（詳しくは10ページ）にも関連してくることである。

給食が苦手な子供にどのように指導しますか。

まずは、自分で解答を書いてみよう。

よくある解答は以下である。

> 苦手な物は少しでも食べられるよう「一口は食べてごらん」と、言います。

実につまらない解答である。方法は一つではない。栄養士などに訊くと、食べさせるための様々な工夫をもっていることもある。

Question
定義を覚えておくべきキーワードは？

　1年生を担任した時に、トマトが苦手な男の子がいました。「学校のトマトはね、一味違うんだよ。一口食べてごらん」と、伝えました。少し食べたことを褒めました。その後、少しずつ食べられるようになり、「トマト、食べられるようになったね」と、さらに褒めました。

　エピソードを入れ、プラス面も含めて話す。そして、褒める。褒めれば、子供の行動が変容する。それをまた褒める。この流れを意識して、解答を考えるとよい。

エピソード（プラス面を含む）→褒める→行動の変容→褒める

　また、クラスで何かを成し遂げたときやお祝い事などでは、たとえば、「牛乳で乾杯します」などのように言うと、楽しそうな子供たちの様子が浮かぶ。そのような具体的なことを話せると、面接官の評価は高い。

具体性を出すには……

　面接では具体的に話すことが大切である。以下のことを心掛ける。

①エピソードを入れて話す。

　エピソードを入れ、様子が頭に思い浮かぶように話す。

②数を入れる。

　×…とび箱を跳べない子供が少しいます。

　△…とび箱を跳べない子供が4、5人います。

　○…とび箱を跳べない子供が5人います。

　どれが具体的かは一目瞭然である。

③単元名など、物の名前を入れる。

　○○の単元の○○の部分で……などと話す。

Answer

　「いじめ」「不登校」「危機管理」「不祥事」「学級経営」などは定義を覚えておきましょう。また、わからない用語は教育用語辞典で調べるようにしましょう。

🄬 対策② 質問と解答例 part 1
——こんな質問にはこう答えよ——

以下、頻出の質問について見ていく。

いじめについてどう思いますか。

まずは、自分で解答を書いてみよう。

この質問では、次のようなやりとりが続くと考えられる。

面 いじめについてどう思いますか。

受 あってはならないことだと思います。

面 学級でいじめが起こったことはありますか。

受 あります。

面 どのような内容だったのですか。

受 同じ子に対する物隠しが続きました。

面 その時、どのように対応しましたか。

受 まずは、事実確認をしました。本人にいつからないのか、何か心当たり
はあるかなどを訊き、一緒に探しました。そして、学年主任、管理職に報
告し、保護者に連絡しました。

面 見つかったのですか。

受 最終的には見つかりました。最初は本人と一緒に探して見つからなかっ
たので、クラス全体に事情を話し、みんなで探したら見つかりました。

Question

自分のクラスで深刻ないじめがあった場合でも、正直に言っていいの？

　自分のクラスでいじめが起こってしまったからといって隠す必要はない。むしろ、そのときの対応で指導力が問われる。子供ゆえに何も問題がないはずないのである。大事なことは、起こってからどのように対応するかであり、そのときの対応で、「面接官はこの先生なら大丈夫だろう」という安心感を抱く。

不登校の子供がいます。どのように対応しますか。

　まずは、自分で解答を書いてみよう。

　この質問では、次のようなやりとりが続くと考えられる。

面　不登校の子供がいます。どのように対応しますか。

受　不登校の子供を担任したことがあります。1年生だったのですが、5月の中頃から来られなくなってしまいました。学校と家庭との連絡が途絶えないよう、連絡帳や電話などで保護者とやりとりしていました。

面　他にはありますか。

受　教室まで来られなくてもいいから、たとえば、保健室まで来てみることや、それが無理なら校門の前まででもいいので、校門にタッチしてそのまま帰ることなどを提案しました。

面　他にはありますか。

受　管理職・学年主任に報告・相談した上で、スクールカウンセラーと保護者も交えて面談しました。

　面接官が「他にはありますか」と、2回も訊いているのは、面接官が求めている解答を言えていないからである。まず、管理職・学年主任に報告・相談するべきである。具体的な子供の対応はその後だ。

Answer

　内容にもよります。事案を選ぶことが大切です。その指導がうまくいき、解決した事例なら、面接の場で答えるに相応しいでしょう。

体罰についてどう思いますか。

まずは、自分で解答を書いてみよう。

```
┌─────────────────────────────────────────────┐
│                                             │
│                                             │
│                                             │
│                                             │
└─────────────────────────────────────────────┘
```

この質問では、次のようなやりとりが続くと考えられる。

```
┌─────────────────────────────────────────────┐
│ 面  体罰についてどう思いますか。              │
│ 受  絶対にあってはならないことだと思います。   │
│ 面  あってはならないことだとわかっていても、子供の対応でつい頭にくる │
│    ことがありますよね。そのときにはどうしますか。│
│ 受  そのときには、「そうきたかあ」と、ユーモアで返せるよう│
│    にしていきます。                          │
│ 面  頭にきている状態で、そんな対応ができますか。 │
│ 受  勤務校で体罰防止研修を受けた際に、アンガーマネージメントについて│
│    学び、怒りは5秒で収まるということを知りました。頭にきたときでも「そ│
│    うきたかあ」と、言えるよう日々自分に言い聞かせています。│
└─────────────────────────────────────────────┘
```

ところで、体罰は何という法律の第何条で規定されているか。これは、教職教養でも頻出の問題である。学校教育法の第11条であることを覚えておく。

どんな教師になりたいですか。

まずは、自分で解答を書いてみよう。

```
┌─────────────────────────────────────────────┐
│                                             │
│                                             │
│                                             │
│                                             │
└─────────────────────────────────────────────┘
```

Question

理想の教師像は他に語ってはいけないの？

これには明確な正解がある。教師は、授業で子供に力を付けることが一番の仕事である。したがって、以下のように答えるとよい。

> 　子供に力を付ける教師になりたいです。

　この質問には、たとえば、以下のような質問が続くと考えられる。
●子供に力を付けるためにどのような授業をしていきますか。
●漢字が苦手な子供がいます。どのように指導しますか。
●九九が言えない子供には、どのように指導しますか。
●どんな力ですか。
　「力」が学力であることは言わずもがなであるが、あえて訊かれる場合もある。あらかじめ「子供に読み・書き・計算などの力を付ける教師になりたいです」と、答えてもよい。より具体的な解答となる。

授業についてどう思いますか。

　まずは、自分で解答を書いてみよう。

> 　

　この質問では、次のようなやりとりが続くと考えられる。

> **面　授業についてどう思いますか。**
> 受　日々楽しく行い、子供たちに力を付けていくべきものだと思います。
> **面　楽しく授業を行うために、あなたはどうしていきますか。**
> 受　たとえば、フラッシュカードや百玉そろばんなど、授業の導入で楽しい活動を取り入れる等の工夫をします。
> **面　他にはありますか。**
> 受　教師自信が絶えず笑顔で授業することを心掛けます。

Answer
　語っても構いません。別の観点で話し、自分の土俵に持ち込むこともまた重要であり、一つの方法です。

面　授業中、絶えず笑顔でいられるのですか。

受　笑顔の練習を毎日するなどして頑張ります。

面接官に響く言葉

　面接官に響く言葉がある。頭の片隅に置いておきたい。

　以下の3つの言葉は、面接のどこかでぜひ伝えたい言葉である。

- ●認め、支え（褒め）、励ます
- ●認め、励まし、価値付ける
- ●今日より明日、明日より明後日

　以下の言葉は、そっくりそのまま覚える必要はないが、面接のどこかで触れるとよい。

- ●大変な子供こそ、我々教師を成長させてくれている。
- ●児童の変容をとおして保護者の信頼を生む。
- ●学校教育によって変容する子供の家庭での姿こそ、何物にも勝る保護者への説得力であり、保護者からの信頼を生む原動力になる。
- ●自信とは、人の目に見えない努力の結果、身に付くものである。

三者の視点を忘れない　管理職・学年主任、子供、保護者

　96ページの「いじめについてどう思いますか」という質問を見てほしい。解答を考える上での基本は三者である。管理職・学年主任に相談・連絡・報告、子供への対応、保護者への連絡・報告である。

　同じように、97ページの「不登校の子供がいます。どのように対応しますか」という質問の解答を同様の視点で考えてほしい。

　どのような質問でも、この三者の視点を念頭において答えるようにするとよい。

---

question

　教育課題などの質問において、たとえば、「教科担任制についてどう思いますか」等、自分の意見を求められた場合、どのような解答をしたらいいの？

🔢 対策③ 質問と解答例 part 2
——こんな質問にはこう答えよ——

以下、教育課題など難しい質問について見ていく。

食物アレルギーの対応について知っていることを話してください。

まずは、自分で解答を書いてみよう。

この質問では、次のようなやりとりが続くと考えられる。

面　食物アレルギーの対応について知っていることを話してください。

受　そば、卵、小麦など7品目あるうちの卵に限定してお答えいたします。
卵は、マヨネーズなどの調味料にも含まれています。抜け漏れ等がないように栄養士などと連携し、献立を把握します。また、管理職や養護教諭と相談の上、保護者と面談を行っています。

面　学校では、どのような研修を行っていますか。

受　アレルギーが起こってはいけませんが、万一の場合を想定して、ロールプレイングで緊急時の対応を学ぶ研修を行っています。

　原因となる食品は大きく分けて7品目ある。えび、かに、小麦、そば、卵、乳、落花生をしっかり覚えておく。各学校では、保護者から学校生活管理指導票を提出してもらう。通常は、入学前の幼稚園・保育園からの引き継ぎや保護者からの申し出により対応している。他にも、トレーの色を変える、除去食を提供する、エピペンなどの対応を話せるとよい。

Answer

　自分の意見を中央教育審議会の答申などに沿って言えるようにしましょう。あまりに的外れな解答では評価も下がります。

授業中、立ち歩いてしまう子供がいます。どのように対応しますか。

　まずは、自分で解答を書いてみよう。

　この質問では、次のようなやりとりが続くと考えられる。

面　授業中、立ち歩いてしまう子供がいます。どのように対応しますか。

受　いくつか方法はありますが、たとえば、その子を呼んで、「事務室から
　チョークを持ってきて」と、お願いします。戻ってきたら、「ありがとう」
　と、しっかり褒めて、そのまま席に座らせるようにします。

面　他にはどんな方法がありますか。

受　授業中に立ったり、座ったりするような運動を取り入れます。たとえば、
　国語の音読では1ページ追い読みさせたら、そのページをもう一度立って
　読ませたり、算数では練習問題ができたら持って来させたりします。

面　他にもありますか。

受　たとえば、「図工室の前の壁まで音を立てないように静かに走って、タッ
　チしたら戻っておいで」と、言います。

面　はい。わかりました。（笑）　いろいろな方法を知っていますね。

掃除をしない子供にどのように指導しますか。

　まずは、自分で解答を書いてみよう。

❹uestion

　立ち歩く子供や掃除をしない子供への対応において、注意はしないの？

この質問では、次のようなやりとりが続くと考えられる。

面　掃除をしない子供にどのように指導しますか。

受　掃除をしない理由は様々考えられます。たとえば、ほう
　きの使い方を知らない場合があります。そのような子供に
　は、「ほうきは、膝より下で掃くんですよ。床のマス目をな
　ぞりながら進んでいくんですよ」と、使い方を教えます。

面　他にはどんな理由が考えられますか。

受　先生が見ていなければ遊んでしまう子供もいると思います。

面　そのような子供には、どのように指導しますか。

受　しっかりやっている子供を褒めます。遊んでいた子供も、褒められたく
　てやり始めます。また、ほうきを取りに行こうとするなど、やろうかなと
　いう仕草を見せた瞬間に、「えらい。ちゃんとほうきを取りに行くんだね。
　すぐ行動できるのが素晴らしい」と、褒めていきます。

最近の教育課題についてどう思いますか。

まずは、自分で解答を書いてみよう。

この質問では、次のようなやりとりが続くと考えられる。

面　最近の教育課題についてどう思いますか。

受　外国語の教科化、道徳の教科化、プログラミングなどがあるうち、外国
　語の教科化についてお答えいたします。これから世界とのつながりが広
　がっていく中で、子供たちに外国語という教科をとおして、その文化に親
　しんでいくことは、とても大切なことだと思います。

Answer

注意をすることもあります。しかし、注意するというだけでは他の多くの受験
者の解答と大差ないのです。他者と差を付ける解答をしたいものですね。

面　何年生から教科化になったか知っていますか。

受　5年生からです。

面　3・4年生はどうですか。

受　外国語という教科ではなく、今までの5・6年生のように外国語活動という形で入ってきています。

面　英語の授業は得意ですか。

受　いいえ、そこまで得意ではありません。

面　英会話スクールなどには通っているのですか。

受　これから通います。

面　はい。わかりました。(笑)

　なお、教育課題については、新学習指導要領に示されている。①主体的・対話的で深い学び、②外国語の教科化、③道徳の教科化、④カリキュラム・マネジメント、⑤プログラミングの5点を必ず覚えておく。新学習指導要領実施に伴い質問が増えると思われるので、しっかりと準備しておく必要がある。

　　どんな学級経営をしたいですか。

　まずは、自分で解答を書いてみよう。

以下のような解答を書いていないだろうか。

　学級のルールを徹底し、子供たちに学力を付けていきます。

　実は、この質問はかなり難しい。「経営」という言葉の意味を理解していないと、質問に正対できないからである。「経営」とは、「方針を定め、組織を整えて、目的を達成するよう持続的に事を行うこと。特に、会社事業を営むこ

Question

仕事を溜めないようにするにはどうしたらいいの？

と。『会社を－する』『－不振』『植民地の－』『学級－』」（『大辞林』第三版）とある。つまり、学級の目標は何であり、1年間を見通して、○○の時期には○○の指導をしていくという時間的な経過を示す内容が含まれなければならない。この意味を踏まえて、もう一度解答を書いてみよう。

以下のような解答が書けただろうか。

学級経営で特に意識したいことは、楽しい学級をつくるための学級のルールの徹底です。社会の役に立つ人になるため、賢い子を目指して行動すること、学校は集団生活を学ぶ場所であるので仲よくすること、この2点を徹底して、4月・5月、1学期・2学期・3学期と計画的に学級づくりを行います。また、保護者のニーズは、授業のわかりやすさ、学力の向上です。授業力を高め、日々研さんしながら授業を中心とした学級経営をしていきます。

この質問にしっかり答えられた受験者の評価は高い。

リズムとテンポを意識して答えよう

普段の授業と同様に、面接においてもリズムとテンポは大切である。リズムとテンポをよくするためのポイントは2つある。

①短く答える。

短く答え、面接官とやりとりするのがよい。

②「はい」と、必ずしも言う必要はない。

解答すべてにおいて、「はい」から始まらず、ない時があってもよい。

Answer

その場主義を貫くことです。提出物の処理、ワークテストの採点・転記など、後回しにせず、その場でできるというイメージをもって処理することが大切です。

🔟 対策④ 一人でできることもたくさんある

1 人に見てもらう

　面接の上達のコツは、たくさんの人に見てもらうことである。面接は見てもらう人によって質問が変わる。アドバイスや指摘される部分も変わってくる。背に腹は代えられない。このときばかりは自分のもつあらゆる人脈を活用するべきである。一次試験合格の報告も兼ねて連絡を取り、面接練習をお願いするのだ。勤務校の管理職にもお願いする。夏休みに出勤して面接対策をやってもらう。管理職2人そろって見てもらえる場合もあれば、一人ずつ2回に分けてやってもらえる場合もある。教員採用試験対策セミナーにも参加するとよい。

2 ビデオや音声にとる

　ビデオに撮って見ることで、客観的に見ることができる。目線や姿勢、仕草など、それまで気付かなかった部分に気付かされる。

　録音した場合には、テープ起こしをすると、無駄な言葉があることに気付く。それを繰り返しながら、無駄な言葉を削っていき、簡潔に答えられるようにしていく。テープ起こしは慣れないと大変な作業である。しかし、書き出すことによって見えてくるものもある。

3 経験を書き留める

　現場での経験がないと答えるのが難しい質問がある。たとえば、
- ●いじめにどのように対応しますか。
- ●不登校についてどう思いますか。
- ●保護者から「先生の授業がわかりにくい」と、言われました。どうしますか。
- ●あなたの勤務する学校の最重要課題は何ですか。

　このような質問に答えるためには、論文の対策同様、日々の経験や対応などを書き留めておくとよい（詳しくは33ページ）。

🗨️ Question

その場でできない仕事はどうしたらいいの？

施策についても知っておこう

面接の質問が施策に関係する内容であれば、施策に触れて答えるとよい。たとえば、東京都の場合は算数（数学）と英語の少人数指導に力を入れている。算数(数学)では小学校3〜6年生・中学校まで全都で実施している。これについて都教委は、習熟度別ということを指導している。したがって、たとえば、「クラス分けはどのように行っていますか」と、訊かれた場合、「均質で分けています」と、答えてはならない。もし、仮にやむを得ない事情等で均質で分けていたとしても、「習熟度別で分けています」と、言わなければ、正解とはならないのである。

まれではあるが、施策について直接訊く質問もある。たとえば、「東京都の研修制度について何か知っていることはありますか」などが挙げられる。

都教委HPには、最新情報が掲載されていく。時間のあるときに目を通しておくとよい。なお、以下はすべて都教委HP内の情報である。

●都教委HP「東京都教育委員会」

https://www.kyoiku.metro.tokyo.lg.jp/

●研修体制等について「東京都教員人材育成基本方針等」

https://www.kyoiku.metro.tokyo.lg.jp/staff/personnel/training/development_policy.html

●少人数指導について「東京方式　習熟度別指導ガイドライン」

https://www.kyoiku.metro.tokyo.lg.jp/school/document/advancement/on_achievement.html

●特別支援教室について「特別支援教室」

https://www.kyoiku.metro.tokyo.lg.jp/school/primary_and_junior_high/special_class/

●東京都の学校教育全般について「学校教育」

https://www.kyoiku.metro.tokyo.lg.jp/school/

膨大な資料なので、その量に圧倒されてしまうかもしれない。一つ一つの内容を事細かに覚える必要はない。資料に目を通していく中で、キーワードなどを意識して施策の全体像をつかんでおくようにする。

Answer

少しでもいいので手を付けておきましょう。手を付けておくことによって、その仕事にあとどれくらいの時間がかかるのか見通しをもつことができます。

❶❺ 合格者の面接記録（小学校全科）

　面接官の質問に、短く答え、テンポよくやりとりしていくことが大切である。1つのことに対し、2〜4回程度のやりとりをする。約30分の間に40個程度の質問をされる。

　以下は、実際の合格者の面接記録である。参考にしてほしい。

1　お名前と年齢を教えてください。

　○○○○です。○○歳です。

2-1　教員になりたいと思ったきっかけと、東京都の教員を志望する理由を教えてください。

　教員になりたいと思ったきっかけは、小学校時代にいじめられた経験があることから、いじめのないクラスをつくりたいと思いました。

　東京都の教員を志望した理由は、東京都で生まれ育ったからです。また、様々な恵まれた環境の中で、教員をやりたいと思ったからです。

2-2　いじめにあったとのことですが、それは何年生の時で、どんなことか、差し支えなければ教えてください。

　小学校3年生の時のことです。友達から嫌なことを言われ、なかなか言い返せなかったことがありました。

2-3　その担任の先生は、どのような対応をしてくれましたか。

　私の話をよく聴いてくれて、加害者側に繰り返し厳しく注意してくれました。

2-4　今の自分は、その時の自分とは違いますか。

　違います。

3-1　管理職の先生は、今日、受験していることを知っていますか。

　知っております。

3-2　事前に練習などはしてもらったのですか。

　3回ほど面接練習をしていただきました。

3-3　どのようなことを言ってもらえましたか。

Question

仕事の優先順位はどのように付けたらいいの？

「大丈夫だから、頑張ってらっしゃい」という言葉を頂きました。

（面：笑）

4　合唱は高校1〜3年生とのことですが、今はやっていないのですか。

　今はやっていませんが、子供たちに歌う楽しさなどは伝えられると思います。

5　バレーボールはいつかやっていたのですか。

　中学校時代の部活でやっておりました。

6-1　特別支援教育ベーシックトレーナー1級とは、どのような資格ですか。

　発達障害は大きく分けて3つあります。ADHD、LD、ASD。それらの基本的な症状、アセスメントの方法、対応スキルを学んで取得できる資格です。

6-2　校内の先生は、その資格をもっていることを知っていますか。

　管理職の先生は知っています。

6-3　その資格を利用して、何か発信できるような立場ですか。

　今はそのような立場にはありませんが、特別支援教育コーディネーターなどになれば、それを生かして発信していきたいと思います。

6-4　今、受け持っている子供で、特別な支援を要する子供はいますか。

　担任ではないので……。

6-5　そうでしたね。算数少人数に来る子供の中ではいますか。

　単元によっては、そのような子供を受け持つことはあります。

7-1　今まで様々な経験をされてきていると思います。よかったこと、悪かったことを、一つずつ挙げてください。

　よかったことは、昨年度3年生を担任した時、毎週の漢字テストで4月当初、0点の子供がいました。その子供に漢字が書けるようになってほしいと思い、指導法を研究して実践しました。その結果、3学期には、80点、90点と取れるようになりました。

　悪かったことは、1年目に6年生の体育を担当した時、大変な学年で、校庭に出てくるのにも並ぶのにも時間がかかり、当然のように準備も片付けもしない学年でした。仕方がないので、自分で準備と片付けをやっていたのですが、その時に後ろから石を投げ付けられ、悔しい思いをしたことがありました。

7-2　悪かったことに対して、その後どのように対応しましたか。

　その時の対応で今でも後悔しているんですが、振り返った時にたまたま後ろ

Answer

　緊急度と重要度で決めます。①緊急度高・重要度高、②緊急度高・重要度低、③緊急度低・重要度高、④緊急度低・重要度低の順番で行います。

にいた男の子に「やった？」と、訊いたら、ふて腐れたように、「どうせ、俺なんだろ。やったよ」と、言われてしまいました。ところが、実際はやっていなくて、あとで他の女の子たちに訊いたら、「○○だよ」ということを教えられ、しっかりその場で確認すればよかったと思いました。そのようなことが起きないよう、これから学んでいかなくては……と、思った出来事でした。

8-1　現在の勤務校は、○○市立○○小学校ですか。

はい。そうです。

8-2　何をされていますか。

算数少人数です。

よいとはいえない解答である。内容を検討する必要がある。

8-3　算数少人数を担当していく上で、学年の先生との関わりでは、どのようなことに気を付けていますか。

単元に入る前に、このような方法で、たとえば、わり算の筆算であれば、「横に補助計算を書くなどいかがですか」という形で、指導法の提案をしています。また、週案を木曜日には出すようにし、「来週はここまでいきたいと思います」という形で伝えています。

8-4　習熟度別で行っていますか。

はい。

8-5　どのようにクラス分けを行っていますか。

単元に入る前にレディネステストをした上で、子供から希望を取り、担任の先生方と相談した上で決定しています。

8-6　そのクラス分けについて、何か子供から不満が出たことはありませんか。

今のところはありません。子供たちにはどこのコースと伝えないで、クラスの場所だけを伝えるようにしています。ときどき、「ここは○○だよね」と、子供たちから聞こえてくることはあります。

9　3年生の子供でかけ算九九のわからない子供にどのように指導しますか。

実際に、今、受け持っている3年生にもいます。3年生の最初の単元はかけ算ですが、毎時間、百玉そろばんを使って5分程度、1～9の段まで唱えさせました。また、学年の先生方と相談して、ノートの表紙の裏に九九表を貼らせ、いつでも開けるようにし、徐々に覚えられるように工夫しました。

Question

予定した時刻に仕事が終わりません。どうすればいいの？

10　休み時間から戻ってきた子供がたんこぶを作って帰ってきました。話を
　　聴いたら、Aちゃんにやられたということでした。どうしますか。

　まずは、その子供のけがの状況を確認し、保健室に行きます。そして、その
場で話を聴けるような状態であれば話を聴きます。その後、Aちゃんを個別
に呼び、事実を確認します。

11　「先生、うちの子、いじめられているんです」という電話をもらいまし
　　た。どのように対応しますか。

　まずは、事実確認をします。放課後、電話をもらったならば、翌朝、子供に
事情を訊いて、学年主任の先生や管理職の先生に報告します。

12-1　単元指導計画について訊きます。この単元を始める前に、前学年までの
　　　基礎となる単元は何ですか。

　4年生では、小数÷整数のわり算があります。

12-2　他にはありますか。

　5年生であれば、単位量あたりの大きさがあります。

13　この単元で、いちばんポイントになる所はどこですか。

　百分率の所だと思います。

14-1　この単元で、子供がつまずく時間はどこだと思いますか。

　7、8時間目の所だと思います。何がもとになる量で、何がくらべる量なの
かなど、わからなくなってくると思います。

14-2　そのような子供たちには、どのように指導していきますか。

　ICTを活用して、視覚的にわかりやすく指導していきます。

14-3　ICTを使った具体的な事例を2つ、3つ挙げてください。

　デジタル教科書では、たとえば、問題の部分をタッチすると、そこだけ拡大
させることができるので、どこを見ればよいのかはっきりします。また、図
などには、電子ペンで直接書き込むことができるので、どこに何を書いたら
よいかを、子供たちにわかりやすく伝えることができます。他にも、よいノー
トをタブレットで写真を撮り、スクリーンに映し出すこともできます。

15-1　夏休み、時間があると思います。どのようなことをしていますか。

　ノートづくりをしています。算数の難問集があるので、その本をコピーして

Answer

　見通しが甘かっただけのことです。自分がその仕事にどのくらいの時間がかか
るのかという見通しをもてるようにしましょう。次に生かしましょう。

切り貼りし、授業の隙間時間などにすぐに出せる難問集を作っています。

15-2　2学期は、さらによい状態で迎えられそうですか。

はい。迎えられそうです。

16-1　最近気になっているニュースはありますか。

学習指導要領の改訂についてのニュースが気になっています。

16-2　何か国際関係について気になっていることはありますか。

国際関係というと、日米関係の問題などがあります。

17-1　教員は今、勤務時間など様々なことが問題になっています。忙しい中でストレスが溜まることもあると思います。どのようにしてストレスを解消していますか。

授業を楽しくすることができれば、それ自体がストレス解消になると思います。しかし、それがうまくいかないこともあります。そのときには、誰かと飲みながら話を聴いてもらうなどすることはあります。

17-2　飲むことだけですか。（面：笑）

はい。そうですね……。それだけではないですけど……。

17-3　服務事故もありますから、気を付けてください。

はい。

18　最後に、あなたを採ったら、こんないいことがある、東京都、○○市をこうよくしますということを言ってください。

私のいちばんの強みは、粘り強さだと思っています。一度決めたことは、諦めずに取り組んでいきます。教室には様々な子供がいます。授業がわからない子供もいます。そのような子供たちに、どの子も一人残らず、わかるまで諦めずに指導していきます。そして、普段の授業では、わかる授業、楽しい授業を目指して取り組んでいきます。

面接の復元を作ろう

　面接終了後、記憶が新鮮なうちに、できるだけ早くパソコンで打ち出すとよい。復元論文と同じである。文書に打ち出すと、どれくらいの長さを話したかわかる。なお、打ち出した面接記録は、練習を見てもらった人に渡すの

Question

どうしたら面接官を笑わせられるだけの余裕をもてるの？

が礼儀である。勤務校の管理職は、どのような質問をされたのか、どのような受け答えをしたのか気になっている。どのようなコメントをもらうかはわからないが、見てもらうことによって、ある意味安心感を得ることができる。

考えたくはないが、残念ながら不合格の場合もある。その場合も、記録を残しておけば、再度受験するときに、それを見直すことで面接の流れを思い出すことができる。

面接官を笑わせたら合格？

面接官を笑わせたら合格する可能性が高い。面接という緊張した場において、笑わせられるだけの余裕があると思われる。それはつまり、現場に出たときに、何か突発的な出来事が起こっても落ち着いて対応できるだろうというように評価されるのだ。

ある人は、区市町村における採用時の面接で、以下のようなやりとりをしたという。

面　ピアノは弾けますか。
受　これからやります。
面　そうですか。わかりました。（笑）

これは、「これからやります」などという都合のよい話があるかということを、逆手にとった笑いである。このようなユーモアも大切だ。

面接の復元を勤務校の校長に渡した時、「大丈夫なんじゃない？　面接官、笑ってるし」と、言われた。やはり、笑いは重要なポイントなのである。

ある先生から、冗談交じりに言われたこともある。「部屋を出る前にわざとずっこけて、すぐに後ろを振り返り、『失礼しました』って言う。そういう面白いことをする人だったら、私だったらすぐ採用だけどなあ」と。はたして、そのようなことができる度胸があるかどうかは別として、30分の面接のどこかで、ほっこりした場面を作りたいものである。

Answer
場数を踏み、たくさんの質問に触れることです。面接では慣れも必要です。慣れがなければ余裕も出てきません。しかし、慣れすぎてはいけません。

🔟 合格者の面接記録 2（小中共通　音楽）

1-1　リラックスしてください。それでは初めに、教員になりたい理由を話してください。

　2つあります。1つ目は、私が中学生の時の音楽の先生が熱意のある指導をしてくださいました。合唱コンクールではクラスが団結して、学校全体で盛り上がる経験をしました。2つ目は、保護者として学校に関わるようになり、行事などで音楽を作り上げている喜びを感じることができ、私も子供たちと共に音楽を作り上げる喜びを感じたいと思ったからです。

1-2　中学校の先生が熱意のある指導をしてくれるのは当たり前ですが、他によかったことはありますか。

　いつも声高らかに歌声を響かせていて、私も歌が好きになりました。また、合唱コンクールでクラスの団結が強くなり、楽しい中学校生活を過ごすことができました。

2-1　高校、大学時代は何に力を入れましたか。

　ずいぶん昔の話ですが、ピアノの技術向上のために練習に励みました。そのおかげで、粘り強く取り組むことを学び、発表会などで演奏するための精神面も鍛えられたと思います。

2-2　面接票にはダンスやバドミントンと書いてありますが、ピアノなのですか。

　ダンスやバドミントンは平日に学校で活動して、土日はピアノに打ち込んでいました。

2-3　土日は大会などないのですか。

　月に1回ほどはありました。

3-1　大学生の時に教員になろうとは思わなかったのですか。

　チャレンジしましたが、残念ながら叶わず、ピアノの道に進んでいくことにしました。

3-2　なぜ、ピアノの道に進もうと思ったのですか。

　ピアノの先生が、私をうまく引き出してくれたからです。ピアノも教材研究

🔟uestion
　面接官が知り合いに当たることはあるの？

1-1　解答

○「2つあります」と最初に言っているのがよい。

○志望動機なので、このくらいの長さでも問題ない。

△1つ目の志望動機が明確でない。「中学校の時の音楽の先生の熱意ある指導」「学校全体で盛り上がる経験をした」結果、なぜ、教員になりたいと思ったかという部分が抜け落ちている。そのような経験を基に、理想の教師像などもあわせて語るとなおよい。

1-2　質問

「他によかったことはありますか」は、横につなぐ質問（詳しくは78ページ）である。面接官としては上の話にあまり興味がなかったという場合も考えられる。

2-1　解答

△解答が長い。「ピアノの技術向上のために練習に励みました」だけでよい。そうすれば、「それをどのように生かしていきますか」などの、次の質問につなげることができる。

○次の質問で、「粘り強く取り組むことを学び」という部分に触れてほしいならば、このままの解答でもよい。

3-1　質問

面接官としては気になる点である。この解答自体はよい。この後の流れをマイナスの方向にもっていかないように気を付けたい。

Answer

　実際に私はありました。不合格でしたが。（笑）　確率としては低いでしょう。面接官が知り合いであろうとなかろうと、最善を尽くせるように頑張りましょう。

のように分析して本やインターネットで調べて知り、音楽について深めていきました。また、ピアノの演奏をCDなどで聴いて、感動する心を感じることができました。

4　さきほど、保護者として学校に関わったとのことでしたが、家庭の方は家事とか大丈夫ですか。

家では子供たちが鍵盤ハーモニカやリコーダーなど吹いたりして、音楽を楽しんでいます。

5-1　音楽専科として何校、経験してきましたか。

5校です。

5-2　その中で、小学校の音楽は何が大切だと思いますか。

小学校は情操教育が大切です。音楽をとおして、感性の豊かな、そして、心の豊かな子供たちを育てていきたいと思っています。

5-3　そのようなことが、現在では生かせていますか。

たとえば、「俺の音楽嫌いがふっとんだよ」と、授業の終わりに言いに来た子がいました。リズムが弾む曲で、「音楽に合わせて体を動かしながら歌ってもいいよ」と言うと、スキップしながら、表情豊かに体全体で楽しんでいました。表現することの喜びを感じたのだと思います。

5-4　大変なことはありましたか。

短い期間の任用でしたので、児童理解をするために、担任や学年主任に児童の様子を訊いたりするのですが、もっと児童理解をして、その子のよさを引き出し伸ばしてあげたいと思っています。

5-5　それ以外にはありますか。

立ち歩いて、座っていられない児童がいました。休み時間に少しだけ残して個別に指導したり、鍵盤ハーモニカで少しでもできたら褒めたりして、成功体験を積ませました。私一人ではなく、特別支援コーディネーターの先生や、カウンセラーの先生方と協力していました。

5-6　どうなりましたか。

少しずつできることが増え、落ち着いてきました。

6　それでは、単元指導計画から質問します。この題材を選んだ理由を教えて

Question

どのような心づもりで面接試験に臨めばいいの？

4　質問

面接官の質問の意図がよくわからない。

4　解答

△質問に正対できていない。突っ込まれなかったのは幸いと言えるだろう。
　「大丈夫です」の一言でもよいが、学校での仕事を頑張っていることもア
　ピールできると好印象である。

5-2　解答

△解答が長い。「情操教育です」だけでよい。そうすれば、「どのように育
　てていきますか」などの質問につなげられる。

5-3　解答

○子供の具体的な変容を述べており、わかりやすい。

5-4　解答

△解答が長い。「児童理解を深めることです」だけでよい。そうすれば、
　「児童理解を深めるためにどうしましたか」などの、次の質問につなげる
　ことができる。

5-5　解答

△解答が長い。「立ち歩いて座っていられない児童への対応が大変でした」
　だけでよい。そうすれば、「どのように対応したのですか」などの、次の
　質問につなげることができる。

𝒜nswer
　暗記してきた教科書的な解答ではなく、何が大事かをよく考え、「自分が合格し
なくちゃ駄目なんだ」という思いで、面接官に情熱を伝えるようにしましょう。

ください。

この曲が、音楽と一体感を味わうことができる曲だからです。曲想の移り変わりがわかりやすく、曲想や曲の特徴を感じ取りやすいので、体を動かしたり、指揮をしたりしながら楽しむことができます。

7　事前に用意することは何がありますか。

　3つあります。1つ目は、視覚的にわかるように、拡大譜を用意して旋律の動きがわかるようにします。2つ目は、ワークシートを用意して曲の流れがつかめるようにします。3つ目は、DVDを用意して、原曲のピアノ連弾を鑑賞します。

8　体を動かすことで、どのようなよさがあるのですか。

　この曲は、微妙なニュアンスがとてもおもしろく、ゆっくりになったと思ったら、急に速くなったり、音が延びたりと、音楽を聴いて、体を動かすと面白くて、興味関心が深まります。

9　ICTを使って、DVDを視聴することでどのようなよさがありますか。

　ピアノ連弾が原曲ですので、実際にピアノの音色との違いや、一台のピアノに2人並んで演奏するので、このように演奏するのかと、視覚的にもよくわかります。

10　つまずきやすいところはどこですか。

　最後の紹介文で、「ブラームス宛に手紙を書こう！」のところです。音楽の要素を入れて書くので、難しいところだと思います。速度、強弱、音色など板書しておいて、これらの要素を使って書くように指導します。

11　どのように深めていきますか。

　ハンガリー舞曲は全部で21曲あります。ブラームスはドイツ生まれなのに、「なぜ、ハンガリー？」と疑問をもち、学びを深めていくことができました。

12-1　統率力という言葉があります。統率力のある担任のクラスは、どんなことができるクラスだと思いますか。

　学習規律ができているクラスだと思います。

12-2　どのようなことからそう思いますか。

　授業の初めの挨拶でも、姿勢を正しているクラスとそうでないクラス、「よろしくお願いします」と、きっちり大きな声で言えるクラスとそうでな

Question

　合格しそうだなあと感じる面接の手応えには、どんなものがあるの？

※「この曲」とは、ブラームス作曲「ハンガリー舞曲　第5番」を指す。

7　解答

○「3つあります」と言っているのはよい。通常は2つくらいがよいが、この質問の場合には、3つでも答えてよいだろう。

8　解答

△結論を先に述べたい。「音楽を聴いて体を動かすと面白くて、興味関心が深まります」と先に述べ、続いて、「この曲は微妙なニュアンスがとてもおもしろく、ゆっくりになったと思ったら急に速くなったり、音が延びたりするので、リズムに合わせて様々な体の動かし方ができ、楽しむことができます」と答えると、より面接官に伝わりやすい。

10　解答

△解答が長い。「最後の紹介文で、『ブラームス宛に手紙を書こう！』のところです。音楽の要素を入れて書くので、難しいところだと思います」でよい。そうすれば、「どのように指導しますか」などの、次の質問につなげられる。

12-1　解答

○短い解答でよい。このように短く答えると、12-2の「どのようなことからそう思いますか」のような次の質問につなげることができる。

Answer

　これには様々あります。たとえば、「面接官と会話が成り立ったと感じたら合格」「いろいろと深く訊かれたり、突っ込まれたりしたら合格」などです。

いクラス、そのようなところに表れていると感じます。

12-3　そうですか。僕は静寂があるクラスだと思います。「統率力」できますか（自信をもって、子供たちを統率できますか）。

できるように努力します。

12-4　できますね。

できます！

13-1　休み時間一人でいる子がいました。

少し見守って、何かしているようならそっとしておきます。一人でさみしそうにしていたら、「どうしたの？」と声を掛けます。

13-2　どこから入りますか。横からか、前からか、後ろからか、どうしますか。

横や前など、視界に入るところから入ります。

14-1　「ノフメで物かなくなった」と保護者から電詰がありました。どうしますか。

はじめに、クラスの周りの子に訊いて状況を確認します。学年主任にも相談します。

14-2　学年主任などに相談するのはわかりました。「信じないのですか」と、保護者に言われたら、どうしますか。

「連絡を頂き、ありがとうございます」と伝えます。クラスで学活の時間などに訊いてみて、人の物は大切にするなどの道徳的なことを指導します。

15　何か言い残したことはありますか。

私は、音楽をとおして、友達と関わりながら、心の豊かな子、感性の豊かな子を育てていきます。子供たちが音楽をつくり上げる喜びを感じ、成功体験を積み重ねていきたいです。ぜひ、東京都の教員になって全力を尽くします！　よろしくお願いいたします。

⌘ⓂⓆⓈ🅣ⓘⓄⓃ

すぐに解答が思い浮かばない場合はどうしたらいいの？

12-3　質問

「僕は静寂があるクラスだと思います」などと、自分の意見を言う面接官は珍しい。考えられるとすれば、12-1の解答がよほど意外だったということだろう。

12-3　解答

△実際、子供たちを指導する上では、できるように努力するのだが、面接の場では「できます！」と、力強く言い切りたい。その力強さに面接官が安心感を覚え、評価も高まる。

13-2　解答

○「視界に入る」という理由付けの文言があり、解答としてわかりやすい。

14-1　解答

○クラスで物がなくなったということが、いじめにもつながることを想定して、学年主任に相談するのはよい。

△管理職が抜けている。面接官は管理職なので、「管理職に……」と、一言付け加えるとよい。

15　解答

○とても力強い解答である。自己アピールの場なので、「私が教師にならなくては駄目なんだ」という意気込みで答えるとよい。そうすることで、面接官に覇気が伝わり、面接終了直後の評価も高まる。

全体を通して

○多くの質問に正対して答えることができている。落ち着いて答えることで、面接官は「この人に任せても大丈夫だな」という安心感を覚える。

Answer

　「少し考えさせてください」と、面接官に伝えて構いません。5〜10秒程度考えることは可能です。どうしてもわからない場合、見栄を張ることはやめましょう。

⑰ 過去問および想定される質問例

1 志望動機系の質問例

● （東京都の）教員を志望した理由は何ですか。

●小学校時代あるいは中学校時代で、印象に残っている先生はいますか。

●尊敬する先生、憧れている先生はいますか。それはどんな先生ですか。

●どんな教師になりたいですか。

2 面接票より経験などを問う質問例

●小学校・中学校・高校とすべての免許を持っていますが、なぜ小学校を受験したのですか。

●卒論のテーマついて説明してください。また、それを今後どのように生かしていきますか。

●文化・スポーツ活動等では○○をしていたのですね。そこから学んだことは何ですか。また、それを今後、教師としてどのように生かしていきますか。

●これまでの職歴をどのように生かしていきますか。

●時間講師をしている中で、様々な子供たちと接しているわけですが、どんなことを心掛けていますか。

●教育実習で学んだことは何ですか。

●成果を上げた経験は何ですか。

●学生時代、もっとも力を入れたことは何ですか。

面接票の内容から想定される質問を書き出してみよう

```
・
・
・
・
```

Question

校種等・教科（科目等）によって、質問は異なるの？

3 授業についての質問例

●指導上、いちばん大切にしようと思うことは何ですか。

●理解が早い子と遅い子にどのように対応していきますか。

●基礎・基本を定着させるためにどのように授業を進めますか。

●学ぶ力を身に付けさせるために、どのように工夫しますか。

●子供が見通しを立てたり、振り返ったりする活動を計画的に取り入れるために、どのように工夫しますか。

●興味・関心を生かして、積極的に学んでいこうとする態度を養うために、どのように工夫をしますか。

●観察や実験、レポートの作成などの学習活動を充実させるために、どのようなことを大切にしていきますか。

●学んだことを日常生活に生かせるようにするために、どのように工夫しますか。

●体力向上にどのように取り組みますか。

●豊かな心を育成するために、どのような工夫をしますか。

●授業改善のために日々行っていることはありますか。

●授業がうまくいかないときに、誰かに相談したことはありますか。

●児童のよいところ、可能性、進歩の状況などを把握して、授業に生かすために日頃からどのようことを心掛けますか。

●子供の学習状況をどのように評価しますか。

4 単元指導計画（学習指導案）についての質問例

●なぜ、この単元を選んだのですか。

●特に工夫した点は何ですか。

●この単元（授業）のポイントは何ですか。

●前学年までの関連する単元は何ですか。

●児童の興味・関心を生かしてどのように工夫していきますか。

●個に対応するためにどのような工夫をしていきますか。

●学習内容を実生活に関連付けて実感を伴った理解をするために、学習過程を

Answer

　異なります。代表的なところでいえば、進路指導や部活動は主として中・高共通の質問でしょう。もちろん、志望動機など、共通の質問もあります。

どのように工夫しますか。

●理科では、安全の配慮事項にどのように気を付けてやっていきますか。

5　児童・生徒の対応についての質問例

●何人かの子供が「授業がわからない」「つまらない」と、騒ぐようになりました。どのように対応しますか。

●漢字や計算など、苦手なことを避ける子供に、一生懸命取り組むようにさせるために、どのように指導しますか。

●自分の好きなことにしか取り組まない子供にどのように対応しますか。

●ある子供が休み時間に教室でポツンと一人でいます。どのように声をかけますか。

●夢がもてない子供にどのように指導しますか。

●わざとルールを破る子供にどのように対応していきますか。

●教師に反抗的な子供にどのように対応しますか。

●ある子供が忘れ物が急に増えたり、ノートの文字を乱雑に書くようになりました。どのように対応していきますか。

●A君から、「先生、絶対に内緒だよ」と、くれぐれも念を押された上で、「B君がC君をいじめている」と、言われました。どのように対応しますか。

●いじめについてどのように対応しますか。

●クラスでお金がなくなったら、どのように対応しますか。

●あなたはきちんと褒められますか。

6　特別支援教育についての質問例

●すぐに立ち歩き、教室に戻ってこない子供にどのように対応しますか。

●教室内を歩き回っている子供がいます。注意しても聞かないとき、どのように対応しますか。

●授業中、おしゃべりがなかなか止まらない子供がいます。どのように指導していきますか。

●暴れん坊の子供がいるクラスを受け持ったとき、どうしますか。

●チャイムが鳴っても、教室に戻ってこない子供たちがいる学級の担任になっ

QUESTION

仕事の見通しの種類にはどんなものがあるの？

たら、どうしますか。

●間違いを恐れる子供にどのように対応していきますか。

●整理整頓ができない子供にどのように指導しますか。

●先生の注意に反発し、すぐに興奮する子供がいます。
　どのように対応しますか。

●忘れ物が多い子供にどのように対応していきますか。

●保護者の意識が高く、療育につなげづらい子供がいます。そのような子供に
　対して、あなたができることは何ですか。

7　保護者や地域への対応についての質問例

●保護者から「先生の教え方はうちの子供には合わないから、担任を変わって
　くれないか」と、言われました。どうしますか。

●保護者から「先生は、うちの子供の勉強ができないという気持ちがわからな
　いのではないか」と、苦情の電話がありました。どのように対応しますか。

●保護者から「宿題の分量が多すぎる」と、言われました。どうしますか。

●保護者から「先生は宿題を出すだけで、きちんと見てくれていない」と、言
　われました。どうしますか。

●保護者から「うちの子がいじめられている。相手の親に謝ってほしい」と、
　電話がかかってきました。どのように対応しますか。

●保護者から「子供の物が盗まれたので、犯人を探して教えてほしい」と、言
　われました。どうしますか。

●保護者から通知表について、「自分の子供の評価がおかしい。こんなに低い
　はずはない」と、言われました。どのように対応しますか。

●クラスの子供が怪我をしました。大した怪我ではなかったので、連絡をしな
　かったら、保護者から「怪我をしたのになぜ連絡がないのか」と、電話がか
　かってきました。どのように対応しますか。

●保護者から「学校より塾の方が大事だ」と、言われたらどうしますか。

●保護者から「受験を控えているので、もっと受験体制をしっかりしてほし
　い」という訴えがありました。どのように対応しますか。

●保護者から「うちの子は先生から差別されている」と、怒鳴り込まれたらど

Answer

　1日という短期的な見通し、1週間・1ヶ月間、1年間などの中・長期的な見通
しがあります。見通しをもつことで、計画性が生まれます。

うしますか。

●保護者から「部活動の音がうるさい」と、苦情を言われたらどうしますか。

●保護者から「先生の励ましは嬉しいが、それが子供にとって重荷になっている」という訴えがありました。どのように対応しますか。

●保護者対応でもっとも気を付けるべき点は何だと思いますか。

●保護者がもっとも教員に期待していることは何だと思いますか。理由を挙げて答えてください。また、期待に応えるために、教員としてどのようにしていきますか。

●地域から「登下校中の子供に注意をしたら、反抗的な態度をとられた」という苦情の電話がありました。どのように対応しますか。

●地域に出ていたところ、近所の住民から「運動会の練習の音量が大きすぎて迷惑だ」と、言われました。どうしますか。

8　学校の組織についての質問例

●学校とは何ですか。

●学校の組織について知っていることを話してください。

●危機管理についてどのように考えていますか。

●同僚に親切な方と意地悪な方がいたとき、どうしますか。

●同僚の先生と意見が食い違った場合はどうしますか。

●今の学校で解決すべき最重要課題は何だと思いますか。
　また、あなたはそれに対してどのように取り組んでいきますか。

9　養護教諭への質問例

●どんな保健室経営をしたいですか。

●保健室経営でいちばん大切にしようと思うことは何ですか。

●子供から信頼される養護教諭とは、どのような養護教諭ですか。

●授業を受けずに保健室に来た子供にどのように対応しますか。

●「寝不足だから保健室で寝かせてほしい」と、やって来た子供にどのように対応しますか。

●指導を定着させるために日頃からどのようなことを心掛けますか。

Question

突発的な事案に対応すると、定時を回ってしまいます。どうしたらいいの？

●相談内容について、子供から「他の先生には言わないで」と、言われました。どうしますか。

●子供から担任の先生の悪口を聞かされました。
そのことをどのように担任に伝えますか。

●中学校の女子生徒が「誰にも言わないでほしいんだけど、
実はいじめられている」と、言ってきました。どうしますか。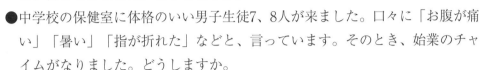

●中学校の男子生徒が「だるいから授業には行きたくない」
と、言ってきました。どうしますか。

●中学校の保健室に体格のいい男子生徒7、8人が来ました。口々に「お腹が痛い」「暑い」「指が折れた」などと、言っています。そのとき、始業のチャイムがなりました。どうしますか。

●保護者から「ちゃんと手当してくれなかった」と、苦情の電話がありました。どのように対応しますか。

●高校で保護者から「うちの子は洋服と髪型がだらしない。親が言っても聞かないから、どうにかしてほしい」と、言われました。どのように対応しますか。

●高校で保護者から「うちの子は朝起きるのが苦手で起きないから、先生が電話して起こしてください」と、言われました。どのように対応しますか。

●この場で子供が倒れているとします。どのように対応するか時系列で話してください。

●小1の児童がプールで転んで保健室に運ばれてきました。特に外傷はなかったので、教室に戻しましたが、その後、給食中に頭痛を訴えました。病院に行ったら、くも膜下出血でした。この時の対応の問題点は何だと思いますか。

●養護教諭の職務を挙げられるだけ挙げてください。

●養護教諭の知っているべき法律を挙げられるだけ挙げてください。

●学校にはAEDが置かれています。どこに置くのがよいと思いますか。

●AEDの取扱いは、養護教諭や体育科の教員だけが知っていれば、充分ではありませんか。

●保健体育科等、他の教科の教員や担任との連携をどのように図りますか。

Answer

そのようなことが起きることも想定して、あらかじめ退勤時刻1時間前、遅くとも30分前には、仕事が終わるように組み立てておきましょう。

●教育相談について、養護教諭としてどのように関わっていきますか。

●食育にどのように関わっていきますか。

10　その他の質問例

●教師に求められる資質・能力は何だと思いますか。また、それを高めるために、どのように取り組みますか。

●キャリア教育が求められている背景は何だと思いますか。それを推進するために、どのようなことを行いますか。

●研修には積極的に参加しますか。

●学級経営とは何ですか。

●あなたを採ったら、こんないいことがある、東京都の子供たちをこうよくしますということを言ってください。

| 想定される質問を書き出そう |

面接の質問は限りなくある。面接官によって質問の仕方や内容が異なる。いかなる質問でも落ち着いて答えられるようにしたい。

以下に、他に想定される質問を書き出してみよう。

・

・

・

・

・

・

・

・

・

・

・

付録1
視写用論文

　本付録では、視写用論文を掲載した。多くの論文に触れることで、様々なパターンの内容を身に付けることができる。本書では、2022 ～ 2020 年度の小学校全科のみ掲載してある。それ以外の校種であったとしても、序論→本論①→本論②→結論、論→例→策という論文の型自体は変わらない。自分の受験校種等・教科（科目等）に置き換えて考えながら視写していくとよいだろう。

特典コンテンツ

②論文課題
③論文の構想メモ
④論文の解答用紙
⑤合格論文

https://www.gakugeimirai.jp/pg-tokyo

❶　2022 年度（小学校全科）

合格論文 （課題は 40 ページ）

　　授業でめあてが達成できなかったり、めあてを達成するとそれ以上取り組まない児童は、学習意欲が低いと考える。主体的に学習に取り組んでいくためには、学習意欲の向上が必要である。また、相手の身になって考えることは、学級という集団の中でよりよい人間関係を築いていくために必要なことである。そこで、私は以下の方策をもって、教師と児童との信頼関係を築き、児童相互のよりよい人間関係を育てると共に、学習意欲の向上に努める。

①わかった、できたと実感できる授業から、教師と児童との信頼関係を築く。

　　子供が学校で過ごす大半の時間は授業時間である。教師との信頼関係を築くためには、子供たちが「わかった」「できた」と実感できる授業が大切である。また、授業が「わかった」「できた」という実感が学習意欲の向上につながる。

　　算数が苦手な 5 年生の児童がいた。繰り返し指導する中で徐々にできるようになった。「先生、できたよ。割合が好きになった」と嬉しそうに言い、その後の学習はさらに意欲的に取り組むようになった。

　　私は、教材研究を行い、児童の実態に合わせて常に創意工夫しながら日々の授業を行っていく。個に応じた教材を準備し、児童一人一人に確実に学力を付けることで、児童からの信頼を獲得していく。また、少し難しい問題などに挑戦させるなどして、気持ちを高めていく。

②一人一人のよさを生かすことから、児童相互のよりよい人間関係を育てる。

　　児童はそれぞれのよさをもっている。そのよさを生かし、学級の中で活躍させ、お互いのよさを認め合う中で、児童相互のよりよい人間関係が育まれる。

　　国語や算数が苦手な児童がいる。しかし、体育は得意で、特に走るのはとても速い。運動会のリレーでは大活躍し、みんなから賞賛されていた。

　　私は、児童一人一人をよく観察し、児童のよさを引き出していく。学校行事や係活動をとおして、それぞれの得意な分野で活躍させ、そのよさをさらに伸

Question

論文がなかなか自力で書けるようにならず不安です。どうしたらいいの？

ばしていく。教師に認められている安心感の上に、お互いよさを認め合い、支え合う大切さを指導していく。

　教育とは、可能性の追求である。そして、教師の仕事は子供のよさの発見に尽きる。私は、どんなときでも子供の可能性を信じ、情熱と希望をもって教育に取り組んでいく決意である。

Answer

　最初のうちは、自力で書けなくても心配する必要はありません。視写を繰り返していくうちに、徐々に自力で書けるようになっていきます。

❷　2021 年度（小学校全科）

合格論文 （課題は 41 ページ）

　　児童は様々な経験をとおして成長していくものである。学校生活の中で、係や当番をとおして、様々な役割や責任を果たすことは、集団生活をよりよくしていくために必要である。また、授業では、自分とは異なる考えに触れることで、自身の考えが深まる。児童同士の意見の交流は、児童の思考の世界を広げていくためにとても重要なものである。係や当番で新たな役割に挑戦したり、授業で自分の意見を発表していくためには、挑戦しようとする意欲が必要である。意欲は自信のゆえに湧いてくるものである。そこで、私は以下の方策をもって、児童の自信を育て、失敗を恐れず苦手なことや初めて取り組むことに挑戦する態度を育てていく。

①係や当番で成功体験を積ませ、褒めることから、児童の自尊心を高める。

　　自尊心を高めるには成功体験を繰り返し経験することが大切である。小さな成功体験を積み重ね、教師から褒められることで児童の自尊心は高まっていく。

　　号令を大きな声でかけられない児童に、私は手本を示し、やらせてみた。声が大きくなったことを褒めていくと、やがて、大きな声が出せるようになった。

　　私は児童の小さな成長を繰り返し褒めていく。係や当番などで新たなことに挑戦しようとするときには、手本を示し、児童が安心して取り組め、成功体験を積めるように支えていく。また、その成功を継続して褒めていく。

②褒めて、自信をもたせることから、児童の挑戦しようとする意欲を育てる。

　　児童は褒められることで、自信をもつことができる。授業をとおして、児童を褒め、自信をもたせることで、挑戦する態度を育てていく。

　　自分の意見を全体の前で発表できない児童がいた。私は、ペアや班での意見の交流から始めた。発表できたことを褒めると、少しずつ全体の場でも自信をもって発表ができるようになっていった。

　　私は、人に親切にしている児童や、友達を支えている児童を褒めていく。ま

Ｑuestion
　実施要綱等には書かれていないけど、持っていった方がいい物はあるの？

た、積極的に発表する児童だけでなく、なかなか発表できない児童にも、時間を確保し、発表できたときには大いに褒めていく。

　教育の成果は、一に教師の資質・力量にかかっている。私は児童に自信を付け、自尊心を高めていくために、児童の成長を認め、支え、励ましながら、児童と共に学び、成長していく教師を目指す決意である。

Answer

　試験会場には時計がない場合があります。試験中、時間がわからないと非常に不安です。スマホが発達し、普段は腕時計をしないという人も多いかもしれませんが、試験の日だけは忘れずに持って行くようにしましょう。

合格論文 （課題は 41 ページ）

　児童が安心して楽しい学校生活を送るためには、授業が楽しく、共に支え合う人間関係が大切である。授業では、自分の意見が友達から認められたり、教師に取り上げられたりする経験を積ませたい。また、困っている子や悩んでいる子を優しく気遣い思いやる心を育てたい。そこで、私は以下の方策をもって、互いの意見を認め合い、共に支え合うことができる児童を育成していく。
①認め、褒め、自信をもたせることから、話合い活動に参加できるようにする。
　自分の考えをうまく伝えられるようにするためには、みんなの前で発表する勇気が必要である。みんなの前で発表し、その意見が認められてこそ、授業を楽しいと感じられる。
　以前担任した学級で、なかなか発表できない児童に「その意見とってもいいね。発表してごらん」と褒め、自信をもつよう声かけをしていった。その児童の発言回数は、少しずつ増え、自信をもって発表できるようになった。
　私は、自信をもって発表している児童を褒めるとともに、なかなか発表できない児童には、ノートに丸を付け、褒めながら、少しずつ自信をもたせていく。また、友達の意見を認めるための話型なども用意する。児童同士で互いの意見を認め合えるようにし、苦手な児童も意見を言いやすい環境づくりに努める。
②児童一人一人のよさを認め、生かすことから、共に支え合う心を育成する。
　児童は、学級の中でそれぞれが得意とすることやよさを生かしていくことで、互いを高め、支え合っていく。児童がもっているよさを存分に引き出し、褒めていくことでそのよさが伸びていく。
　以前担任した学級で、勉強が苦手な児童がいた。ある日、その児童が泣いている友達に優しく声をかけていた。私は、その優しさを褒め、大切にするように伝えた。児童一人一人には必ずそれぞれのよさがあると改めて実感した。

Question
仕事のスピードを上げるには、どうしたらいいの？

私は、人に親切にしている児童や、友達を支えている児童を褒めていく。たとえば、帰りの会などで、そのことを取り上げたり、時には個別に伝えたりするなど、よい行動を認められて嬉しかったと感じる児童を増やしていく。また、道徳の時間には、実際の生活場面などを取り上げ、人を思いやり、互いに支え合う心と行動の仕方を伝えていく。

　児童は、一人一人が尊い存在である。誰もが立派な人間になる力をもっている。私は教師として、骨身を惜しまず指導していく覚悟である。

　複数の仕事を同時並行で進めることが鍵を握ります。これなら同時並行でやれそうだという仕事を見つけましょう。

MEMO

付録2

教職教養と
専門教養
（小学校全科）

　本付録では、教職教養と専門教養（小学校全科）の傾向を示した。試験の傾向は、毎年大きく変わることはない。着実に準備を進め、本番でも落ち着いて問題に取り組みたい。

　受験者のタイプに合わせたおすすめの問題集や勉強の仕方も記した。さらに、他ではなかなか教えてくれないマークシートの極意についても記した。一次試験の準備を始める前にぜひ目を通してほしい。

❶　教職教養の傾向と対策
——教育法規を中心に勉強する——

1　出題パターンを知る

　教育法規の出題が多い。出題パターンは毎年ほぼ変わらない。1問目は日本国憲法または教育基本法の問題である。2問目は教育基本法または学校教育法の問題である。3問目は学校教育法施行令または施行規則などの問題である。このような出題傾向を知っておくと、ピンポイントで学習を進めることができる。また、試験当日も安心し、落ち着いて問題を解くことができる。

2　選択肢は読んだときの直感で2つにしぼれ

2018年度

　教育基本法に関する記述として、法令及び判例に照らして最も適切なものは、次の1〜5のうちではどれか。
1　第6条第1項に規定する学校においては、教育を受ける者が、学校生活を営む上で必要な規律を重んずるとともに、自ら進んで学習に取り組む意欲を高めなければならないと定めており、教育を受ける者に対してこれらを行う義務を課している。
2　第6条第1項に規定する学校の教員は、自己の崇高な使命を深く自覚し、絶えず研究と修養に励み、その職責の遂行に努めなければならないと定めており、その使命と職責の重要性から全体の奉仕者であるとしている。
3　家庭教育の自主性を尊重しつつ、保護者は子の教育について第一義的責任を有すると定めており、学校における教育をめぐって保護者と学校との対立が生じた場合には、その調整に際して家庭教育に優越的立場がある。
4　国及び地方公共団体が設置する学校による特定の宗教のための宗教教育の禁止を定めており、格技の授業に信教上の理由で参加しない児童・生徒に対して、学校が代替種目による措置を行うことは、特定の宗教を援助す

Question
　法律の内容を実感を伴って理解できません。どうしたらいいの？

る効果を生じるので認められない。

5　教育は不当な支配に服することなく行われるべきものであるとともに、国は全国的な教育の機会均等と教育水準の維持向上を図るため、教育に関する施策を総合的に策定し実施しなければならないと定めており、国の教育内容への介入は必要かつ合理的な範囲で認められる。

　多くの問題は、5つの選択肢をさらっと読んだ時点で、まず3つほど消える。

1は、教育を受ける者に対する義務ではない。

2は、「自己の崇高な使命を深く自覚し……」は、教育基本法第9条第1項だが、教員が「全体の奉仕者」であるというのは、日本国憲法第15条第2項による。上位法である日本国憲法に、教育基本法の内容が反映されることはない。

3は、「家庭教育に優越的立場がある」という記述はない。

4は、「神戸高専剣道実技拒否事件」に関する問題である。学校側は代替授業を行うことは、日本国憲法第20条第3項に抵触すると主張したが、最高裁判所はこれを棄却している。

　したがって、正解は5である。

　知識の差によって、どの選択肢が消えるかは変わってくるが、選択肢をさらっと読んだ時点で、直感的におかしいと思う感覚が大事である。

3　教育心理は人物、定義と具体例を覚える

2018年度

　次の文章はある学習指導の事例に関するものである。この事例における学習指導の方法の名称として最も適切なものは、下の1〜5のうちではどれか。

　小学校第6学年の担任であるA教諭は、国語の「読むこと」の学習において、尾括型の説明的な文章を教材として用いて、筆者の主張を把握することをねらいとした学習指導を行った。A教諭は、この学習の導入で、文章の構成や、筆者の主張が述べられている箇所を児童に把握させるために、新聞のコラム欄の短い記事を提示した。そして、この新聞記事が「序

Answer

　条文一つ一つを読みながら、どういうことなのかを自分なりに解釈することが必要です。具体例を考えて読むと実感を伴った理解につながります。

論－本論－結論」という文章構成になっていることや、「結論」部分に筆者の主張が述べられているということを説明した。その後の学習で、児童は、新たに提示された説明的な文章の構成と、先に学習した新聞記事の文章の構成とを関連付けることができ、説明的な文章の中の筆者の主張を的確に把握することができた。

1　問題解決学習
2　発見学習
3　有意味受容学習
4　インドクトリネーション
5　プログラム学習

　正解は、3の有意味受容学習である。

　オーズベルという人物、定義と具体例を覚えておく。「有意味受容学習」とは、「あらかじめ何かしらの例（先行オーガナイザー）を見せ、その例と学ばせたい知識を関連付けることで、理解を早める教授法」である。

　定義はキーワードを断片的に覚えているだけでも感覚が全然違う。

　その他の用語についても、教育用語辞典などで調べておくとよい。

4　教育課題に関する問題が出題される

　生徒指導に関すること、体罰に関すること、人権に関することなど、教育課題は様々ある。代表的な関係資料（次ページ参照）に目を通しておくとよい。

5　資料の読取り問題が出題される

　近年、資料の読取り問題が出題されている。知識ではないので、読解力さえあれば、正解へたどり着ける。教職教養全体の問題数は多いので、ゆっくり時間は取れないが、確実に正解したい問題である。

Question

　勉強するには、書くことと読むこと、どちらがいいの？

6　学習指導要領と東京都の施策が出題される

　最後の方の問題は、学習指導要領の総則、特別の教科　道徳、特別活動や、都教委の施策から出題される。学習指導要領が改訂された年などは、学習指導要領に関する出題が多い。

　都教委HP上にある教育関係の主要な資料、文科省HP上にある、いじめに関すること、生徒指導に関することなどの資料には目を通しておくとよい。以下、参考にしてほしい。

法律等
- ●児童福祉法
- ●児童虐待の防止等に関する法律
- ●いじめ防止対策推進法
- ●学習指導要領（総則、外国語活動・外国語、特別の教科　道徳、総合的な学習の時間、特別活動）

文科省
- ●生徒指導提要
- ●児童生徒の問題行動等生徒指導上の諸問題に関する調査
- ●全国学力・学習状況調査　調査結果のポイント
- ●学校教育法第11条に規定する児童生徒の懲戒体罰等に関する参考事例

都教委
- ●いじめの認知件数及び対応状況把握のための調査
- ●人権教育プログラム

都民情報ルーム

　東京都庁第一本庁舎３階には、都民情報ルームという場所がある。ここには教員採用試験の過去５年間分の問題が保管されている。また、都教委HPには公開されていない解答用紙も一緒に保管されている。コピーをとることもできるので、必要に応じて利用するとよい。

Answer

　書くことは時間的に非効率的です。読んで声に出すことを繰り返すことが大切です。声に出すと耳も使います。多くの感覚を使う方が記憶に残りやすくなります。

❷ 専門教養（小学校全科）の傾向と対策
——高校1年生程度の学力を付けよう——

　各教科の出題の傾向や頻出の分野を示した。近年、具体的な指導法等に関する問題が頻出である。単なる知識に限らず、実際の場面を想定して児童への指導ができるかという実践的な指導力が求められているためである。

国語

　現代文の読解問題に加え、古文や漢文なども出題される。古文や漢文に関しては、それほど難易度は高くない。基本的な事項を覚えておくようにする。

　また、小学校の国語において、児童に指導する上で、児童への具体的な指導法を問う問題が出題される。

社会

　江戸時代についての問題が頻出である。地図の読取りも、出題されている。農業については、各都道府県の主な生産物などを覚えておくとよい。

　また、小学校の社会において、児童に指導する上で、児童への具体的な指導内容を問う問題が出題される。

算数

　因数分解、速さ、方程式と不等式、関数とグラフ、平面図形、確率などが頻出である。いずれも高校1年生程度の学力があれば解ける問題である。

　また、小学校の算数において、児童に指導する上で、児童の思考を読み取る問題が出題される。

理科

　いずれの分野もほぼまんべんなく出題されている。特に頻出の分野をあげるとすれば、恒常性の維持と調節、化学反応式である。しかし、それよりも、逆に出題されていない分野をピックアップし、それ以外を勉強するようにしたい。過去5年間で出題がない分野は、地震、運動、気化・昇華である。

　また、小学校の理科において、実験における児童の間違いに対する具体的な

Question

問題の傾向が大きく変わることはあるの？

指導法を問う問題が出題される。

　なお、理科コースの場合は上記の出題分野を問わず、理科の問題数が多い。

生活

　2022年度は久しぶりに学習指導要領から出題された。2021〜2018年度は出題されていない。2017年度以前も学習指導要領からの出題が主であった。今後も出題される可能性は低いだろう。

音楽

　歌唱共通教材からの問題が頻出である。楽譜の穴埋めや鍵盤の位置、曲名から楽譜を選ぶ、または楽譜から曲名を選ぶパターンが主である。

図工

　表現技法、版画、彫刻、色彩、用具の取扱いなどが出題される。実際に自分でやってみれば、体験を伴って学習できるので理解が深まる。

家庭

　主として、ミシンの使い方やアイロンの記号、布を使った製作実習に関する問題が出題されている。栄養素や包丁の切り方などが出題されることもある。小・中学校の家庭の教科書を見直しておくとよいだろう。

体育

　過去5年間は体育分野の出題が多い。技の名前に関する問題などが出題されている。2017年度は鉄棒運動であった。

　また、小学校の体育において、児童の実態に応じた指導法を問う問題が出題されている。2019年度は水泳、2018年度はマット運動であった。

　2020年度は傾向が変わり、陸上競技のルールについて出題された。

外国語

　対話文の空欄の補充や内容理解、語句の並び替えの問題が頻出である。中学校卒業程度の単語や文法をしっかり身に付けておく必要がある。

　なお、英語コースの場合はさらに長文も出題されている。

学習指導要領

　2020年度から新学習指導要領が実施されているが、出題数は1〜2問である。どの単元がどの学年なのかなど、基本的なことをおさえておくとよい。

Answer

　たとえば、学習指導要領の改訂に伴う問題数の増加や異なる分野の問題が新たに入ってくることは考えられます。年によってはガラリと変わることもあります。

❸　問題集の勉強の仕方

1　何から始めるか

時間がある→『○○ランナー』（一ツ橋書店）

一ツ橋書店から出版されている『教職教養ランナー』『小学校全科ランナー』という穴埋め式の問題集がある。ゼロから始める場合、解答を片手に答えをひたすら写していく。膨大な時間がかかるので、比較的余裕のある10月くらいから始める場合は、全体像を知るためにもやっておきたい。

また、複数の自治体を受験する場合は、各都道府県の傾向により、出題範囲が多岐にわたる。このような場合に『○○ランナー』をやっておくと、学習範囲に一度は触れているので、とっかかりはつかみやすくなる。

時間がない→過去問（協同出版）

過去5年間分の問題に触れることで、だいたいの出題傾向はつかむことができる。苦手な分野を中心に勉強していく。出題傾向は毎年大きく変わることはない。時間がなければ、過去問を中心にやっていくのが近道である。協同出版から『東京都の教職教養過去問』『東京都の小学校教諭参考書』などが出版されている。これらの本を活用しながら勉強を進めていくとよい。

また、『○○30日完成』（時事通信社）などに取り組むのもよい。重要な要点のみがまとめられているので、的を絞って勉強することができる。

通勤・通学時間に勉強する→『ポケットランナー○○』（一ツ橋書店）

重たい本を持ち歩いたり、通勤電車の中で大きな本を開いたりするのは、少々気が重い。そのような場合には、要点を絞ってまとめられている『ポケットランナー○○』（一ツ橋書店）など、薄くて小さい本を使うとよい。

2　できた印・できなかった印

過去問を解いていく際に、繰り返し解いていくべき問題は、できなかった問題である。以下のように、問題番号に印を付けていく。

ᓄuestion
できた問題も含めて繰り返しやらなくていいの？

①できた問題は「／」、できなかった問題は「✓」を付けていく。

②できなかった問題（✓が付いた問題）に再度取り組む。

　できた問題は「／」を付ける。またできなければ、さらに「✓」を付ける。すべての問題に「／」が付くまで繰り返す。

1周目は、①ができ、②、③、④、⑤ができなかった。下のように印を付ける。

| 1周目 | ⊘ | ✓② | ✓③ | ✓④ | ✓⑤ |

2周目は、できなかった②、③、④、⑤のみ解く。

| 2周目 | ⊘ | ✓✓② | ✓⊘ | ✓✓④ | ✓✓⑤ |

2周目は、③ができた。「／」を付けた。3周目は②、④、⑤のみ解く。

| 3周目 | ⊘ | ✓✓⊘ | ✓⊘ | ✓✓✓④ | ✓✓⊘ |

3週目は、②、⑤ができた。「／」を付けた。4周目は④のみ解く。

| 4周目 | ⊘ | ✓✓⊘ | ✓⊘ | ✓✓✓⊘ | ✓✓⊘ |

4周目で④ができた。これですべての問題が解けたことになる。

時間を惜しんで勉強しよう

　勉強時間をいつ確保するかというのは、受験生にとって最重要課題である。

学生

　時間はあるが、学習習慣がないと、ついだらだらしてしまう。決まった時間に決まった場所で学習できるようにする。習慣作りが第一である。

現職

　現職は忙しい。出勤時刻、退勤時刻はそれぞれであろうが、できるだけ遅く出勤し、できるだけ早く退勤するなど、時間を生み出すよう心掛ける。朝は、特別な場合を除いて極端に早く出勤する必要はないだろう。退勤時刻は、設定しないと際限なく仕事をしてしまいがちである。毎日、定時退勤すると固く決意し、少しでも勉強時間を確保できるようにしなければならない。

　家に帰ると疲れてできないことが多い。通勤途中のカフェやファミレス、図書館など、勉強せざるをえない環境に身を置くのも一つの方法である。

Answer

　できなかった問題のみを繰り返すことで効率よく力を付けることができます。できた問題を繰り返すよりも、多くの問題に触れるようにしましょう。

❹ マークシートの極意
――解き方、塗り方――

　教職教養と専門教養は、全問マークシート方式である。マークシートは塗る速さが重要である。少しでも速く塗っていくためにはコツが必要である。

1　鉛筆を選ぶ

　一般にマークシートは、BまたはHBの鉛筆と指定されている場合が多い。その濃さでないと読み取れない場合がある。シャーペンが禁止されているのは、この濃さの問題に起因する。シャーペンの芯は黒鉛だけではなく、他の成分も混じっている。そのため、同じ濃さの鉛筆とは濃さが異なる場合がある。

　指定の濃さは、BまたはHBだが、スピードを追求するために、あえて2B～4Bの濃い鉛筆を使うという選択もある。

特徴	HB～B	2B～4B
滑りがよく少しの力で素早く塗れる。	×	○
筆圧に気を遣う必要はない。	○	×
粉が少なく、解答用紙が汚れにくい。	○	×
消し残しが出にくい。	○	×

　一見すると、指定どおり、BまたはHBの鉛筆を使うことがよいと思うかもしれないが、それでもスピードを追求する価値はある。様々配慮する必要はあるが、筆圧を加減し、濃さを調節できるならば、濃い滑りのよい鉛筆を使うのものもよいだろう。

QUESTION
　マークシート方式で分からないときはどうしたらいいの？

2　鉛筆の先を少し丸めておく

　とがった鉛筆ではなかなか塗り終わらない。試験の前にとがりすぎない程度に削っておく。削りすぎてしまった場合には、適当な紙に擦り付けて先を少し丸めておく。

　マークシート用のシャーペンもある。これらは専用のものなので、使うことを検討してもよい。なお、一般のシャーペンは、書いた後に紙の表面が溝状態になり、消しゴムで消しても、溝の深い部分まで消しきれないことがある。その結果、マークされていると誤認識されることもあるので使ってはならない。

3　解くときは解き、塗るときは塗る

　1問解くごとに〇の中を塗っていくと、問題用紙と解答用紙の間で何度も視点を往復することになる。時間がかかるとともに、マークミスにつながる可能性が高い。おすすめの方法は以下である。
①問題をすべて解き、マークシートに5問ずつチェック（／）だけ付けていく。
②素早く塗っていく。
③問題用紙と照らし合わせながら確認していく。

4　〇の塗り方

　〇の中の塗り方にはコツがある。「の」の字を書くように塗ることである。1回転半〜2回転で塗れるようになるとよい。練習は必要だが、一つあたり3秒以内で塗れるようになることが理想である。全30問あるならば、1〜2分程度で塗り終わる計算である。

消しゴムは細かい部分を消すのに適したものを用意する

　マークは小さい。大きい消しゴムでは、誤って他のマークまで消してしまう場合がある。消す部分が細い消しゴムを用意する。ノック式の消しゴムや角消しなどを使うことで、余計なミスを防ぐことができる。論文にも使える。

Answer

　1点でも多く稼ぐために、とにかく一つ選ぶことが大切です。その1点が人生を左右することになるかもしれません。何もしないのはもったいないことです。

おわりに

　昨年4月、文科省によるTwitter「♯教師のバトンプロジェクト」が、大変な話題になった。現場の教員からは、「こんなバトンは引き継げない」という日々の不満が今なお爆発し続けている。保護者からの理不尽な苦情、想像を絶する仕事量、定額働かせ放題、同僚や上司からの耐えがたいパワハラ……、そこには、とんでもない現場の実態が暴露されている。中には、「今年、辞めました」という、悲痛な叫びも聞こえてくる。

　教師のやりがい、幸せとは何だろうか。私は、ひとえに日々の子供との関わりこそ、教師のやりがいであると思う。そして、子供たちの成長を見られることが、教師としての幸せであると思う。だからこそ、休み時間は子供たちと一緒に遊んであげたい、給食の時間は日ごとに班を回り、子供たちと楽しくお喋りしながら食べたい。放課後の時間は少しでも楽しい授業をするために、できる限りの時間を割きたい……。そう考える。

　しかし、現実は違う。いざ、現場に入ってみると、目の前に仕事に追われ、子供たちと関わる時間が想像以上に取れない。提出物のチェック、テストの採点、宿題の準備、生活指導、保護者対応、学年便りの作成、提案文書の作成、行事の準備、いくつもの会議、校内研究……、挙げればきりがない。まだ意味のあること、子供のためになることならいい。しかし、文科省、都道府県、市区町村から学校現場にとって意味のない調査や書類作成がたくさん降ってくる。

　出勤時間は朝早く、退勤時間は夜遅い。それでも仕事が終わらず、土日も学校に行く。時に、この先生は学校に住んでいるのか、プライベートな時間はあるのだろうかと思う教師もいる。

　しかし、これだけ大変だと言われる仕事であっても、私は教師を続けていきたいと思う。それは、日々の子供たちとの関わりがこれらの大変さに優るからである。

　最近、5年生のある女の子は、苦手だった算数ができるようになってきた。ある日、返されたテストを見て、「やった、100点だ！」と、満面の笑みを浮かべて、喜びを伝えにくるその子の姿が目に焼き付いている。

　3年生にかけ算の筆算を教えた時にはこんなことがあった。例題で14×3のやり方を説明した。「繰り上がりの1は、この線の上に書くんだよ」と言う

と、「先生、14 の 1（十の位）の上に書いてもいいですか」と言う。「いいえ、線の上に書きます。14 の 1 の上に書いても何のメリットもないから」と答えると、ある男の子が言った。「先生、『メリット』って何？」。すかさず、知ったかぶりをした別の男の子が自信満々に答える。「『メリット』ってあれでしょ。シャンプーとか、リンスとか」。教室は爆笑の渦に包まれた。言った本人は顔を真っ赤にし、とても恥ずかしそうであった。それがまたかわいい。「メリット」の意味を説明し、「反対の言葉はね、『デメリット』って言うんだよ」と教えると、またすかさずやんちゃな男の子が「新しいシャンプーだ」と言う。再び爆笑の渦に包まれる。

　また、これは、学期末にお楽しみ会を行った時のことである。ある女の子がはじめの言葉として、「今日は、喧嘩をせず、楽しいお楽しみ会にしましょう」と言った。お楽しみ会も終盤に差し掛かった頃、よりによってそう言った本人が喧嘩をして泣いた。

　「学校現場って、ドラマみたいことが起こるよね」と言った先生がいる。まさに、そのとおりだと思う。日々起こることは変化に富んでいて面白い。しかも子供たちはかわいい。子供と関われる仕事は、楽しく、幸せだ。目をきらきらと輝かせながら、「わかった！ できた！」と、嬉しそうに話す子供たち、その子供たちの成長を見られるのは、何物にも代えがたい教師のやりがいであると、私は思う。

　たしかに、現場に入れば、楽しいことばかりではない。「＃教師のバトンプロジェクト」に代表されるように、大変なこともたくさんある。合格して、いざ現場に入ってみると、教室には、実に様々な子供たちがいることを改めて実感させられる。そうした子供たちへうまく対応できず、思い悩んだり、もがき苦しんだりする時期もある。

　しかし、どんな子供でも、「駄目な自分」と、生きる源泉としての自尊心とも言うべき「頑張ろうとする自分」「生きようとする自分」が心の奥底で葛藤している。荒れた子供は、いたるところで必死になってこの自尊心で自分を励まし、もっと勉強ができるようになりたい、もっとよい自分になりたいと思っている。そのような子供の心を認め、支え、励ましながら、日々、子供たちに寄り添い、接していってほしい。いつかきっと花が咲くと信じて。

　　　　　　　　　　　　　　　2021 年 12 月吉日　　友野　元気

教員採用試験対策セミナーのご案内

　本書は、教員採用試験対策の「第一歩」である。本書をしっかりマスターすることで、教員採用試験を突破するための「基礎体力」は充分に付けられる。

　その上で、教員採用試験対策セミナーに参加することを強くおすすめする。実際に論文を書いたり、面接の練習を行ったりすることで、教員採用試験を突破する力がより確実なものとなる。

　なお、本書監修者・岸上隆文氏が講師を務めるセミナーもある。

講座内容
●音声セミナー（LINE通話による月4回のネットセミナー）
●月1教採ZOOMセミナー（演習を中心にアウトプットで伸びを体感）

論文	面接	筆記
論文でA評価をもらえる極意を伝授します。視写をとおして、書き方を身に付け、過去問を反復練習していきます。時間が許せば、その場で添削もいたします。	個人面接、集団面接の練習を行います。圧迫面接を含め、どんな面接にも対応できる力を養います。一人一人に合わせたスキルアップを徹底サポートいたします。	筆記の勉強時間や効率を上げる方法を伝授します。集中して勉強できる機会を提供します。希望者には、定期的に進度を確認するなど、徹底サポートいたします。

申込はこちら

教採突破塾HP　https://kyousaijuku.jimdofree.com/
※お申し込みいただいた方はLINEに登録させていただきます。
※資料代などの情報はLINEにてご確認ください。

教採・教師向けYouTube「教採突破塾」チャンネル

Question
　教採突破塾と他の教員採用試験対策は何が違うの？

情報提供のお願い

　学芸みらい社では、教員を目指す方々に、より正確で多くの情報を提供していきたいと考えております。『教員採用試験パーフェクトガイド　東京都　論文・面接』は、年度毎に更新を行なっていく予定です。つきましては、教員採用試験を受験された方々から、多くの情報を頂きたく願っております。

　情報を下さった方には、本書著者が作成した「現場で役立つ教師の仕事術10（日常編）」を進呈いたします。教師になったその日から活用できる丸秘テクニックが満載です。

　下記のような情報をご提供ください。

---

①一次試験合格者の復元論文（試験会場で書き写してきた論文に限る）

②論文に使える言葉（論文でご自身がよく書かれる言葉など）

③未記入の面接票（二次試験の通知に同封）

④面接票記入上の注意（二次試験の通知に同封）

⑤単元指導計画（学習指導案）の書式例等（二次試験の通知に同封）

⑥集団面接の内容（面接官の指示の文言や話合いのキーワード）

⑦個人面接の全部または一部の復元

⑧面接官の心を打つ私の志望動機

⑨試験会場の様子（試験監督者の指示や注意事項などを含む）

⑩その他画像（PDF または JPEG）・ファイル等

入力先

以下のURL よりアクセスしてご入力ください。

https://www.gakugeimirai.jp/pg-tokyo

※頂いた情報は、書籍の更新の範囲内で、その全部または一部を掲載等させていただくことがあります。なお、お名前については、いかなる場合でも掲載することはありません。

Answer

　筆記試験、面接試験、実技試験など、試験対策の幅が広く、実践的な内容で、一人一人に合わせて対策していきます。また、講師の実演も入ります。

監修者紹介

岸上 隆文（きしがみ たかふみ）
TOSS採用試験全国事務局長。「教採突破塾」を主宰。元長野県公立小学校教諭（特別支援教育コーディネーターなどを担当）。信州大学在学中に「教採突破塾」を設立し、教員採用試験受験者への支援を行う。以来、全国各地で講座を開き、受講者数は5000名を超える。教採・教師向けYouTube「教採突破塾」は登録者5000名を超える。
監修書・著書に、『教員採用試験パーフェクトガイド「合格への道」』『教員採用試験パーフェクトガイド　面接編　DVD付』『教員採用試験パーフェクトガイド　小論文編』『教員採用試験パーフェクトガイド　東京都　論文・面接　2021年度』『同　2022年度』（以上、学芸みらい社）、『5000人以上を指導したカリスマ講師が教える！　教員採用試験面接試験攻略法』（つちや書店）等多数ある。

著者紹介

友野 元気（ともの げんき）
TOSS採用試験全国事務局員。TOSS青梅教育サークル。東京都公立小学校教諭。時間講師や臨時的任用教員を6年間続けながら、東京都の教員採用試験に7回目で合格。本書監修者・岸上隆文氏（TOSS採用試験全国事務局）が主催する「教採突破塾」や舘野健三氏（中萩サークル）が主催する教員採用試験対策に通い、東京都に合格した。
共著・単著に『新道徳授業が10倍イキイキ！　対話型ワークシート題材70 ―全単元評価語一覧付き―』『小学4年生　新・授業づくり＆学級経営365日サポートBOOK』『教員採用試験パーフェクトガイド　小論文編』『教員採用試験パーフェクトガイド　東京都　論文・面接　2021年度』『同　2022年度』（以上、学芸みらい社）、『算数教科書教え方教室』（明治図書）などがある。
また、Excelを使って校務改善に取り組む。代表作に『「超」時短！教師が作った教師のためのExcel文房具――指導要録所見 語尾一発変換』（学芸みらい社）がある。

教員採用試験パーフェクトガイド
東京都　論文・面接　2023年度

2022年2月15日　初版発行

監修者　　　岸上隆文

著　者　　　友野元気

発行者　　　小島直人

発行所　　　株式会社 学芸みらい社
　　　　　　〒162-0833 東京都新宿区箪笥町31番 箪笥町SKビル3F
　　　　　　電話番号：03-5227-1266
　　　　　　HP　　　：https://www.gakugeimirai.jp/
　　　　　　E-mail　：info@gakugeimirai.jp

印刷所・製本所　　藤原印刷株式会社

本文組版　　DIPPS

ブックデザイン　　吉久隆志・古川美佐（エディプレッション）